*gewidmet*

*Lothar und seinen Eltern,*
*stellvertretend für alle Kinder und ihre Eltern,*
*die für ein Stück ihres Weges eine Begleitung brauchen.*

*Ingrid Olbrich*

**Auditive Wahrnehmung und Sprache**

Psychomotorische Entwicklungsförderung — Band 6

*Ingrid Olbrich*

# Auditive Wahrnehmung und Sprache

verlag modernes lernen - Dortmund

Fotos: Dr. R. Eckert, L. Klever, I. Olbrich, Fotostudio Schöllmann

Printed in W.-Germany 1989

Bestell-Nr. 1109 ISBN 3-8080-0101-1

# Inhaltsverzeichnis

## Vorwort des Herausgebers

Das vorliegende Buch aus der Feder einer in der Sprachheilarbeit erfahrenen Sonderpädagogin, die sich auch als Autorin einen Namen gemacht hat, setzt die Reihe *Psychomotorische Entwicklungsförderung* fort. Schon der Titel macht deutlich, daß ein Konzept der Sprachförderung nicht auf die perzeptive Seite, d. h. auf die Verbesserung der akustischen Wahrnehmung, sowohl auf non-verbaler als auch auf verbaler Ebene, verzichten kann. Auch das Zuhören ist ein aktiver Vorgang, bei dem Emotion, Motivation, Konzentration und Kommunikation eine wichtige Rolle spielen. Es ist sicher ein Zeichen unserer so schnellebigen und hektischen Zeit, daß wir – Kinder wie Erwachsene – das Zuhören als Grundlage des einfühlenden Verstehens verlernt haben.

Es geht der Autorin also keineswegs um ein symptomatisches, defektorientiertes Sprach- und Sprechtraining. Ihr Hauptanliegen ist es, zunächst einmal die Grundlagen, die Voraussetzungen für einen späteren sprachbezogenen Förderunterricht zu schaffen, indem die Kinder lernen, sich selbst mit all ihren Schwächen zu akzeptieren und sich ihres Wertes auch als tätiges und handelndes Mitglied einer Gruppe bewußt zu sein. Dieser Prozeß der Selbstakzeptanz und Selbstfindung wirkt sich – wie Ingrid OLBRICH dies überzeugend demonstriert – positiv auf die Gesamtentwicklung und eben auch auf die Sprachentwicklung aus. Mißerfolgsgewohnte Schüler werden in den höchst motivierenden Situationen des psychomotorischen Unterrichts bemerkenswert aktiv, neugierig, experimentierfreudig und kreativ. Sie lernen, mit anderen Kindern zu interagieren, kommunikativ miteinander umzugehen, einander zuzuhören, den Spielpartner zu verstehen und auf ihn einzugehen.

Der Verfasserin geht es in ihrem Buch um eine Synthese von wissenschaftstheoretischer Begründung und praxisnaher, beispielhafter Darstellung. Dabei gelingt es höchst anschaulich, die Grundsätze klientzentrierter und gestaltpsychotherapeutischer Interventionen in eine integrative Sprach- und Bewegungstherapie zu überführen. Sie findet einmal Anwendung als ganzheitlich-psychomotorischer Förderunterricht in einer Lernbehindertenschule sowie zweitens innerhalb der Sprachheilambulanz, beide Male unter weitestgehender Einbeziehung der Eltern.

Zu jedem Unterrichtsthema wird ein kindgemäßes Informationsplakat erstellt, z. B. *Hören – Bewegen – Sprechen,* wobei Wahrnehmungs-, Bewegungs- und Handlungsphasen einander abwechseln. Auch eine Entspannungsphase unter Verwendung des Autogenen Trainings fügt sich in den Gesamtrahmen der Förderstunde ein. Den Abschluß bildet immer ein Gesprächskreis, bei dem die Kinder über ihre Eindrücke während der Stunde berichten. Mitunter sind einige spielerische Lautproduktionen in eine

Handlungsfolge eingebaut, beispielsweise zur Festigung der Differenz zwischen f und sch, indem abwechselnd „Fisch“ und „Schiff“ gerufen werden, was die Kinder gern tun und nicht als lästige Übung empfinden.

Das Buch bringt eine Fülle praktischer Anregungen, die durch eine Vielzahl von Fotos anschaulichen, aber auch dokumentarischen Charakter haben. Wie ein roter Faden zieht sich durch alle Kapitel die humanistische Erziehereinstellung, die vom Verständnis und der Achtung vor der Persönlichkeit des Kindes geprägt ist. Dazu kommt der immer wieder transparent werdende pädagogische Idealismus, wie er zu einer gewissenhaften Vorbereitung, die die Vorstellungswelt, die Wünsche und Bedürfnisse der Kinder mit einschließt, notwendig ist. Das vorliegende Buch ist vorwiegend für Sonderpädagogen geschrieben worden, die sich mit den Problemen sprachentwicklungsrückständiger Kinder befassen. Es ist aber keine Frage, daß auch andere pädagogische, psychologische und medizinische Berufsgruppen, ja selbst Eltern wesentliche Anregungen zum Verständnis und zur Gesamtschau kindlicher Entwicklungsstörungen und entsprechender Entwicklungsförderung aus der Lektüre dieses Buches entnehmen können.

Ernst J. Kiphard

# 1. Vorwort

„Dies ist eine besondere Polarität in unserer Welt: zuhören oder kämpfen. Menschen, die zuhören, kämpfen nicht, und Menschen, die kämpfen, hören nicht zu. Wenn in unserer Gesellschaft die kriegführenden Parteien – Ehepartner, Firmen – ihre Ohren aufsperren und ihren Gegnern zuhören könnten, so würde die Feindschaft in unserer Umwelt und zwischen den Völkern stark abnehmen. An die Stelle des „Ich sage dir, was dir fehlt" träte ein „Ich höre an, was du willst", und der vernünftigen Diskussion wäre der Weg bereitet. Dies gilt für unsere inneren Konflikte ebenso wie für die Weltlage allgemein. Wie aber können wir der Welt die Augen und Ohren öffnen?" (F. S. PERLS, ‚Gestalttherapie', Stuttgart 1981).

Wie aber können wir der Welt die Augen und die Ohren öffnen? Wie können wir Kindern mit Entwicklungsproblemen die Augen und Ohren öffnen? Wahrnehmen und zuhören spielt in der Förderung von Problemkindern eine wesentliche Rolle.

Es handelt sich dabei um die Grundvoraussetzungen von Förderung: Zunächst sich selbst wahrnehmen und zuhören können, sich wahrnehmen und annehmen, die sich im pädagogischen und therapeutischen Kontakt befindenden Kinder wahrnehmen, annehmen und anhören können, die ratsuchenden Eltern wahrnehmen, akzeptieren und anhören können.

Dieses Buch ist ein Versuch zu zeigen, wie Kinder mit Entwicklungsproblemen, insbesondere mit Abweichungen in der Sprachentwicklung, über die Förderung ihrer Wahrnehmungs- und Bewegungsfähigkeit darin unterstützt werden können, die eigenen Kräfte zu mobilisieren und die Persönlichkeitsentwicklung zu aktivieren.

Im Gesamtkontext der Entwicklung spielt die Förderung der auditiven Wahrnehmung gerade bei Kindern mit sprachlichen Problemen eine herausragende Rolle. Im Kontakt mit meinen kleinen Klienten konnte ich häufig beobachten, daß sie Schwierigkeiten damit hatten, sich gegenseitig anzuhören, sich wahrzunehmen und sich mit ihren Problemen zu akzeptieren.

Auf der Grundlage einer *ganzheitlichen Bewegungsförderung* können *alle Sinne* geöffnet werden für eine tiefere Begegnung mit sich selbst, mit der Umwelt und mit dem anderen Menschen.

Die Entwicklung von Sprache und Kommunikation baut auf der Fähigkeit des Zuhörens auf, wie AFFOLTER und AYRES gezeigt haben.

Dieses Buch soll ein praxisnahes, aber theoriegeleitetes sein, mit dem diejenigen angesprochen werden sollen, denen bewußt wurde, daß eine

Sprachförderung ohne die Einbeziehung von Wahrnehmung und Bewegung, die nach der Gestaltkreistheorie v. WEIZSÄCKERs die Grundlage allen Lernens sind, die kindlichen Bedürfnisse nicht voll erfaßt.

Die Forderung nach rhythmischer, musikalischer, spieltherapeutischer oder sportpädagogischer Förderung sprachentwicklungsgestörter Kinder ist häufig artikuliert worden.

Es gibt eine Fülle von entsprechenden Hinweisen, Programmen und Vorschlägen, wie ECKERT umfassend referiert (1985 a).

Der ganzheitlich angelegte Organismus aber verlangt eine ganzheitliche, *integrierte* Vorgehensweise, in der versucht wird, *Sprache auf Bewegung und Bewegung auf Sprache zu beziehen.*

Der Versuch einer theoretisch-wissenschaftlichen Begründung soll die Wurzeln der Arbeit des Praktikers aufzeigen, Reflexionshilfen bieten; er stellt keine umfassende und abgesicherte Grundlage dar. Vielmehr soll an vielen Beispielen aus der Praxis deutlich gemacht werden, wie eine ganzheitlich integrierte Sprachförderung aussehen kann.

Ich bin mir bewußt, wie schwierig es sein wird, Einstellung, Anliegen und Basis meiner eigenen Arbeit mit Kindern und Eltern über *Schriftsprache* zu vermitteln, da sie in ihrer abstrahierenden Form einschränkend und verengend wirkt. Dennoch wage ich den Versuch, weil ich dazu beitragen möchte, daß bei der Förderung von Kindern mit Entwicklungs- und Kontaktproblemen immer mehr Pädagogen, Eltern und Therapeuten ihre Beziehung und ihre Arbeit auf eine bewegungsorientierte, ganzheitlich ausgerichtete Grundlage stellen. Für mich bedeutet das: auf eine psychomotorische Grundlage mit gestalttherapeutischer Tiefungsmöglichkeit.

Schmallenberg, im Januar 1987 — Ingrid Olbrich

# 2. Begründung einer ganzheitlich orientierten Sprachförderung auf psychomotorischer Grundlage

„Mit Achim konnte ich wenig anfangen. Er konnte nicht stillsitzen und sich auch nicht konzentrieren. Er war überhaupt nicht bereit, mit mir zu sprechen, er sprach noch nicht mal nach“, berichtete ein Kollege aus der Sprachheilarbeit über ein Kind mit universeller Dyslalie, Dysgrammatismus und einer darauf aufbauenden Kommunikationsstörung.

. . . Sprache, sprachlicher Kontakt machte Achim Angst, hatte er doch sehr früh *gespürt* und *erfahren,* daß seine Sprachfähigkeit nicht ausreichte, andere Menschen zu erreichen. Die therapeutische Arbeit an seiner gestörten Sprache, die einfühlsam und kindgemäß spielerisch erfolgte, setzte jedoch genau an dieser schmerzenden Erfahrung an und verstärkte die Mauer, die das Kind um sich und seine Einsamkeit gebaut hatte.

Das Gefühl für unsere Identität als Person wird uns bei unserer Geburt nicht mitgeliefert, sondern es wächst und reift, während das *Ich* wächst und reift (PERLS).

Das Wahrnehmen und Integrieren von Körperempfindungen und Gefühlen, das Ausdrückenkönnen von Gefühlen sind entscheidende Komponenten dieser Entwicklung.

Als Säugling und Kleinkind sind wir in der Lage, unsere Befindlichkeit *mit der Sprache des Körpers* auszudrücken, aber dieser Körper und seine Sprache werden uns in unserer Kultur schrittweise entfremdet zugunsten einer Verlagerung der Lernprozesse in rein kognitive, überwiegend sprachlich-intellektuelle Bereiche.

Unser Ich-Bild baut sich aus vier Anteilen auf, die untrennbar miteinander verbunden bleiben müssen, wenn wir psychisch und physisch gesund bleiben wollen:
Bewegung — Wahrnehmung — Fühlen — Denken. Im Ansatz der Gestaltpädagogik und Gestalttherapie wird versucht, diese Anteile zu integrieren.

Auch bei Achim ließ sich bei genauer Betrachtung ein Ungleichgewicht der Bereiche Bewegung, Wahrnehmung, Fühlen und Denken feststellen. Versteckt unter seiner Behinderung im sprachlichen Bereich und in der Kommunikationsfähigkeit ruhten in der Alltagsmotorik nicht mehr sichtbare Koordinations- und Wahrnehmungsprobleme im auditiven Bereich, die den Aufbau seines Ich-Bildes unter negativer Verstärkung durch kritische Rückmeldungen über seine abweichende Sprachentwicklung behindert hatten.

Achim steht als Beispiel für viele Kinder mit ähnlich gelagerter Problematik. Er konnte seine Ich-Identität nicht ungestört entwickeln, weil die notwendigen Bausteine ins Ungleichgewicht geraten waren und seine Umgebung ihm zunächst nicht dabei helfen konnte, dieses Gleichgewicht wieder herzustellen. Die anfangs angesetzte Förderung hob ab auf ein äußerlich sichtbares Symptom, auf die sprachliche Kompetenz und verstärkte damit das vorhandene Ungleichgewicht, deutlich ablesbar an Achims Weigerung, kommunikative Kontakte aufzunehmen.

Wenn wir die lebenswichtigen Bedürfnisse des Kindes wirklich ernstnehmen wollen, müssen wir die Grundlage unseres *Menschseins im Leib* akzeptieren, wie es MERLEAU-PONTY (1966) aufgezeigt hat. Der Leib und seine Bewegungs- und Wahrnehmungsfähigkeit bilden die Grundlage des psycho-physischen Wachstums in Wechselwirkung mit dem sozialen Feld: „Das natürliche Ich des Menschen aber bleibt nicht roh und ungestaltet; die Welt wirkt gestaltend auf es ein, und das Ich wirkt gestaltend in die Welt zurück. In dieser Interaktion wächst wahrnehmend und handelnd die Identität des Subjekts als einmaliges und unwiederholbares Ganzes, als Seinseinheit von Körper, Seele und Geist“ (PETZOLD/BROWN, 1977, S. 26).

Das heranwachsende Kind *hat* nicht Körper, Seele, Geist, sondern es *ist* gleichzeitig Körper, Seele und Geist. Wenn es in diesem Sinne ganzheitlich wachsen soll, muß es ganzheitlich gefördert werden. Das trifft für jedes Kind zu, besonders aber für ein Kind mit Entwicklungsproblemen.

Der Begriff der Ganzheitlichkeit beinhaltet nach PERLS, PETZOLD u. a. aber noch mehr: die Bezogenheit auf das umgebende Feld, Bezogenheit auf die reale dingliche und soziale Umwelt ist ebenfalls wichtiger Bestandteil der Ganzheitlichkeit.

Isolierte Arbeit mit einem Problemkind isoliert dieses Kind in noch größerem Maße, besonders wenn es um den sprachlichen Bereich geht. Mit Sprache treten wir ein in die Kommunikation mit Umwelt und Mitmenschen, sie ist kommunikativer Akt und wird nur in kommunikativen Akten erworben.

PIAGET, WYGOTSKI, LEONTJEW und andere haben nachgewiesen, daß dieser Lernprozeß *für Kinder nur auf handelnder Grundlage* möglich ist.

Das Kind hat ein Recht auf seinen Körper und seine Bewegung, ein Recht auf das Wahrnehmen und Akzeptieren seiner Gefühle und die Entwicklung seiner gesamten Kräfte.

Noch mehr ist aber notwendig: Vor allem das kulturell verlorengegangene Vertrauen ins Leben muß wieder hergestellt werden, wenn wir glückliche, wachsende und entspannt reifende Kinder haben wollen. *LIEDLOFF* (1980) geht davon aus, daß in unserer europäischen Kultur das KONTINUUM verlorengegangen sei: Wir alle benötigen zum Wachstum das Gefühl, daß wir richtig, gut und willkommen sind, so wie wir sind.

In unserer Funktionsgesellschaft aber, in der der Mensch nur an seiner wirtschaftlichen Verwertbarkeit gemessen wird, können wir nicht richtig, gut und willkommen sein, so wie wir sind. Wir sind ständigem Druck der sogenannten Leistungsgesellschaft ausgesetzt, der zu einer Überbewertung der intellektuellen Kräfte geführt hat:

*In der Berufs- und Wirtschaftswelt wird der Mensch nur unter dem Aspekt der Verwertbarkeit gesehen, die Forderung nach Leistung hat Vorrang vor den individuellen Bedürfnissen nach Einbeziehung der gesamten Person mit ihrer Wahrnehmungs- und Bewegungsfähigkeit, mit Körper, Intellekt und Gefühl.*

*Die Schule als Widerspiegelung gesellschaftlicher Realität paßt sich diesen permanent an sie herangetragenen Forderungen an und räumt kognitiv orientierten Werten Vorrang ein vor dem Recht des Kindes auf Bewegung und Förderung seiner sensomotorischen und emotionalen Kräfte.*

*Die Forderung nach Leistung setzt sich fort bis in den vorschulischen Bereich, wenn Vorbereitung auf die Schulwirklichkeit wiederum nur intellektuell vollzogen wird unter Verzicht auf die ganzheitlichen Ansprüche des Kindes.*

Die gesellschaftlich erwünschte Trennung von Körper, Seele und Geist schon in frühester Kindheit muß aufgehoben werden, damit Wachstum und Kreativität nicht verloren gehen.

Gerade für den Erwerb der Sprache sind die Bewegungs- und Wahrnehmungsfähigkeit des Körpers wesentliche Grundvoraussetzungen (LENNEBERG, 1972; AFFOLTER, 1972; AYRES, 1979, 1984). Körperliche Erfahrungen sind Grundlage aller Lernprozesse, auch und gerade der sprachlichen:

„Wir müssen davon ausgehen, daß das Vermögen des Kindes, Sprache zu lernen, eine Folge der Reifung ist, denn die Entwicklungsstufen des Spracherwerbs sind gewöhnlich mit anderen Entwicklungsstufen verschränkt, die der physischen Reifung, insbesondere dem Stehen, Gehen und der motorischen Koordination, eindeutig zuordenbar sind" (LENNEBERG, a.a.O., S. 220).

Neben der zunächst auf anthropologischer Ebene begründeten Forderung nach ganzheitlicher Förderung sprachentwicklungsgestörter Kinder ist die bei den oben genannten Autoren beschriebene neurophysiologische Verschränkung der Reifung eine weitere wichtige Begründung körperorientierter Arbeit mit Kindern. Dieser Fragestellung wird in einem der folgenden Kapitel noch genauere Aufmerksamkeit geschenkt.

In der Sprachbehindertenpädagogik gibt es eine ganze Reihe von Ansätzen, die diese Notwendigkeit gesehen und versucht haben, sie in ein Förder- und Therapiekonzept umzusetzen:

Rhythmik (JAQUES-DALCROZE, SCHEIBLAUER, umgesetzt durch WULFF, ZUCKRIGL u. a.), Bewegungserziehung (SEEMANN, BECKER/SOVAK u. a.) und perzeptuomotorische Ansätze (KEPHARD, FROSTIG, GETMAN, DELACATO) sind geeignete pädagogische oder therapeutische Interventionen beim sprachbehinderten Kind.

Dennoch bin ich überzeugt, daß sie nicht umfassend ganzheitlich sind, weil keiner der genannten Ansätze (zumindest in der Literatur sichtbar) *alle Bereiche der kindlichen Entwicklung* integriert. Jeder für sich sieht wichtige Teilaspekte, vernachlässigt jedoch die geforderte Ganzheitlichkeit (KROLL/THIELE, 1986).

Ein ganzheitlich orientierter Ansatz, der aus der psychomotorischen Übungsbehandlung (KIPHARD, 1975; KIPHARD/HUPPERTZ, 1979; EGGERT, 1975; EGGERT/KIPHARD, 1980; KIPHARD, o.J., 1983 a, 1983 b) hervorgegangen ist, wird in der *Integrierten Sprach- und Bewegungstherapie* verwirklicht (OLBRICH, 1978, 1983, 1985, 1986, 1987 a/b). Da dieses Konzept den tiefenpsychologischen Aspekt gestörter kindlicher Entwicklung vernachlässigte, vollzieht sich im Augenblick durch die Ausbildung in Gestaltpsychotherapie eine Vertiefung zur *Integrativen Sprach- und Bewegungstherapie*.

Psychomotorisch orientierte Sprachentwicklungsförderung berücksichtigt die entwicklungspsychologische, die psychotherapeutische und die sozialtherapeutische oder kommunikationstherapeutische Ebene gleichermaßen (OLBRICH, 1986, S. 8).

Sie setzt nicht am Symptom an, sondern versucht, das Kind mit seiner gesamten Persönlichkeit zu akzeptieren. Die Förderung von Funktionen ist ganzheitlich in die Förderung der Gesamtpersönlichkeit eingeschlossen, die Bewegung ist *Fundament* und *Träger* der entwicklungsfördernden Arbeit.

Als oberstes Entwicklungsziel wird die integriert handelnde Persönlichkeit gesehen, die mit der eigenen Person, der dinglichen Umwelt und der sozialen Gemeinschaft im Einklang steht. Die Zielsetzung wird durch Abbildung 1 verdeutlicht (aus OLBRICH, 1987), in der das von der Grundlagenkommission des Aktionskreises Psychomotorik entwickelte Schema um die Bedeutung der Sprache wesentlich und unverzichtbar erweitert wurde.

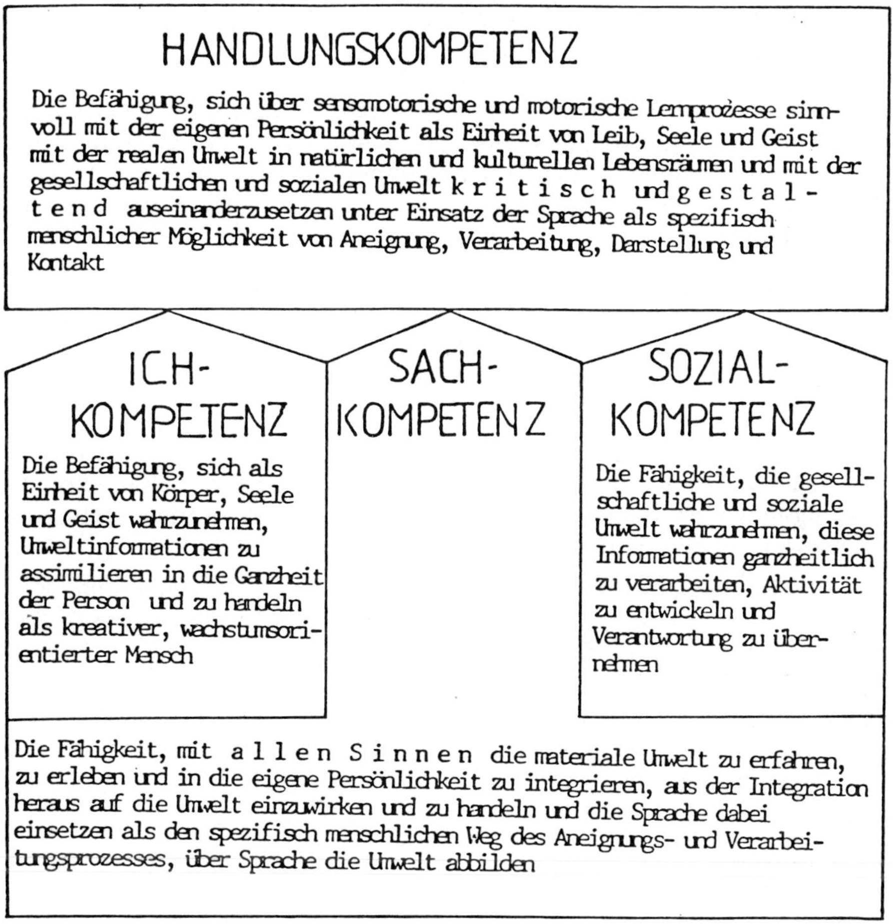


*Abb. 1: Ziele der psychomotorischen Sprachförderung*

# 3. Zusammenhänge zwischen Sprache und Motorik in der kindlichen Entwicklung

In Anlehnung an v. WEIZSÄCKER (1939) geht STOLZE (1976) der Frage nach, welche Bedeutung das Bewegungserlebnis für die Erfahrung des menschlichen Selbst habe. Er faßt zusammen: „Das Ich muß als eine von der späteren Triebentwicklung primär unabhängige Instanz gedacht werden. Angeborene motorische und sensorische Verhaltensweisen bilden, gestalt- und regelkreishaft miteinander verknüpft, die Grundlage für Selbstbewahrung, Selbsterfahrung und Selbstentfaltung des Ich. Übergeordnete Bezeichnung für die Funktion dieser sensu-motorischen Ausstattung ist das „Begreifen", womit gleichzeitig zum Ausdruck gebracht wird, wie die Gestalt „Bewegen und Wahrnehmen" mit der Gestalt „Sprechen und Denken" im Dienst der Ich-Entwicklung in einer umfassenden Weise zusammengeschlossen ist" (a.a.O., S. 107). Die Gestaltpsychologie geht von einem innigen Zusammenhang zwischen den Gestaltkreisen „Bewegen und Wahrnehmen" einerseits und „Denken und Sprechen" andererseits aus. Sie werden durch das begreifende Ich integriert.

Diese Gestaltkreistheorie, bei der das Gesamt aller Erfahrungen mehr ist als die Summe aller einzelnen Bestandteile, kann durch folgendes Modell veranschaulicht werden:

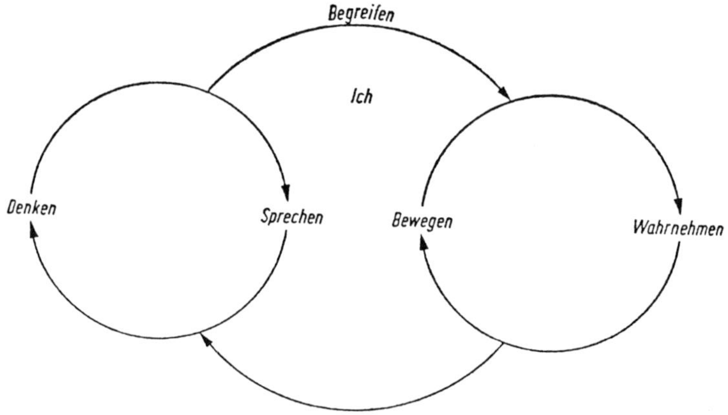


*Abb. 2: Modell der Gestaltkreistheorie v. WEIZSÄCKERS (STOLZE, 1976, S. 110)*

SZAGUN (1980) referiert Forschungsergebnisse zur Sensomotorik und ersten sprachlichen Bedeutungen in der kindlichen Entwicklung.

Sie kommt zu der abschließenden Bewertung, daß nicht bewiesen werden kann, daß sensomotorische Vorstellungen die Ursache für sprachliche Bedeutungen sind, daß aber eine „recht gute Korrespondenz" zwischen beiden festgestellt werden kann.

Zu einer ähnlichen Einschätzung gelangt auch LENNEBERG (1977), wenn er den ursächlichen Zusammenhang von Sprache und Motorik bestreitet, aber von einer *Verschränkung* beider Prozesse spricht (a.a.O., S. 220). Das Aufzeigen der Parallelen in der motorischen und sprachlichen Entwicklung ist von besonderer Bedeutung:

„Der Beginn des Sprechens ist durch ein allmähliches Entfalten von Fähigkeiten gekennzeichnet, durch eine Reihe im allgemeinen wohlumschriebener Ereignisse, die zwischen dem zweiten und dritten Lebensjahr stattfinden. Bestimmte *bedeutsame Marksteine* (Hervorhebung durch die Verfasserin) werden in einer festgelegten Reihenfolge und auf einer relativ konstanten Altersstufe erreicht. Ebenso eindrucksvoll wie die Konstanz des Alters ist die *auffallende Gleichzeitigkeit der Marksteine der Sprachentwicklung und der motorischen Entwicklung",* nach LENNEBERG dargestellt in Abb. 3 (a.a.O., S. 160, S. 161—163).

| **Mit Vollendung von** | **Motorische Entwicklung** | **Vokalisation und Sprache** |
|---|---|---|
| 12 Wochen | Das Kind stützt den Kopf, wenn es auf dem Bauch liegt; Gewicht ruht auf dem Ellenbogen; Hände meist offen; kein Greifreflex | Schreit viel weniger als mit 8 Wochen; wenn zu ihm gesprochen oder genickt wird, lächelt es, worauf helle gurgelnde Laute folgen, die gewöhnlich als **Gurrlaute** bezeichnet werden; sie haben einen **vokal-ähnlichen Charakter und werden in der Tonhöhe moduliert;** das Gurren hält 15 bis 20 Sekunden an |
| 16 Wochen | Spielt mit einer Rassel, die ihm in die Hände gegeben wird (schüttelt sie und blickt sie an); stützt den Kopf ohne fremde Hilfe; der tonische Nackenreflex läßt nach | Reagiert eindeutiger auf menschliche Laute; wendet den Kopf; die Augen scheinen den Sprecher zu suchen **gelegentlich einige glucksende Laute** |
| 20 Wochen | Sitzt mit Stützen | Die vokal-ähnlichen Gurr-Laute beginnen, sich mit **mehr konsonantischen Lauten** zu vermischen; labiale Frikative, Spiranten und Nasale kommen häufig vor; akustisch unterscheiden sich alle Vokalisationen deutlich von den Lauten der vollentwickelten Sprache der Umwelt. |

| Mit Vollendung von | Motorische Entwicklung | Vokalisation und Sprache |
|---|---|---|
| 6 Monate | Sitzen: beugt sich nach vorn und gebraucht die Hände zum Stützen; kann sein Gewicht tragen, wenn es aufgestellt wird, aber kann sich beim Stehen noch nicht selbst festhalten; faßt immer nur auf einer Seite; Greifen: noch keine Daumen-Apposition; läßt einen Würfel los, wenn man ihm einen anderen gibt | Das Gurren wird zu einem Lallen, das einsilbigen Äußerungen ähnelt; weder Vokale noch Konsonanten kehren in festgelegter Reihenfolge wieder; die häufigsten Äußerungen klingen wie ma, mu, da oder di |
| 8 Monate | Steht, wenn es sich festhalten kann; greift mit Daumen-Apposition; hebt Kügelchen mit Daumen und Fingerspitzen auf | Verdopplung (oder andauernde Wiederholungen) wird üblich; **Intonationsstrukturen werden deutlich; Äußerungen können Nachdruck und Emotionen signalisieren** |
| 10 Monate | Kriecht schnell; ist zu Seitwärtsschritten in der Lage, wenn es sich festhält; stellt sich auf, indem es sich an einem Gegenstand hochzieht | Vokalisationen sind mit Lautspielen vermischt wie Gurgeln oder Bläschenbilden; scheint Laute imitieren zu wollen, aber die Imitationen sind nie ganz erfolgreich; beginnt zwischen gehörten Wörtern zu unterscheiden, indem es unterschiedlich darauf reagiert |
| 12 Monate | Geht, wenn es an einer Hand gehalten wird; geht auf Füßen und Händen — Knie in der Luft; hat fast aufgehört, alle Gegenstände in den Mund zu nehmen; sitzt ohne Stütze auf dem Fußboden | **Identische Lautsequenzen werden mit höherer relativer Auftretenshäufigkeit wiederholt und Wörter (mamma oder dadda)** treten auf; deutliche Zeichen des Verstehens einiger Wörter und einfacher Aufforderungen (zeig mir deine Augen) |
| 18 Monate | Greifen, Erfassen und Loslassen voll entwickelt; Gang steif, vorwärtsdrängend und überstürzt; sitzt auf einem Kinderstuhl mit nur geringer Hilfe; kriecht rückwärts treppab; hat Schwierigkeiten, einen Turm aus drei Würfeln zu bauen | Verfügt über ein Repertoire von Wörtern — mehr als drei, aber weniger als fünfzig; lallt noch viel, aber jetzt in mehreren Silben mit schwierigen Intonationsstrukturen; keine Versuche, Informationen mitzuteilen, und Frustration, wenn es nicht verstanden wird; Wörter können Einheiten wie „thank you" und „come here" umfassen, aber geringe Fähigkeit, lexikalische Einheiten zu spontanen Ausdrücken aus zwei Einheiten zu verbinden; schnelle Fortschritte im Verstehen |

| Mit Vollendung von | Motorische Entwicklung | Vokalisation und Sprache |
|---|---|---|
| 24 Monate | Läuft, jedoch mit abrupten Richtungsänderungen; kann schnell zwischen Sitzen und Stehen wechseln; geht treppauf oder treppab, setzt aber immer nur einen Fuß vor | Vokabular größer als 50 Einheiten (manche Kinder scheinen jeden Gegenstand in ihrer Umgebung benennen zu können); beginnt, lexikalische Einheiten spontan zu Ausdrücken aus zwei Wörtern zu verbinden; alle Ausdrücke scheinen eigene Schöpfungen zu sein; **deutliche Steigerung des kommunikativen Verhaltens und Interesse an der Sprache** |
| 30 Monate | Springt mit beiden Füßen in die Luft; steht etwa zwei Sekunden lang auf einem Fuß; geht einige Schritte auf den Zehenspitzen; springt von einem Stuhl; **gute Hand- und Fingerkoordination;** kann die Finger einzeln bewegen; Handhabung von Gegenständen sehr verbessert; baut Turm aus sechs Würfeln | Schnellste Zunahme des Vokabulars, jeden Tag kommen neue Wörter hinzu; kein Lallen mehr; Äußerungen haben kommunikative Absicht; ist frustriert, wenn es von Erwachsenen nicht verstanden wird; Äußerungen bestehen aus mindestens zwei Wörtern, viel aus drei oder sogar fünf Wörtern; Sätze und Ausdrücke in charakteristischer Kinder-Grammatik, d.h. sie sind selten wörtliche Wiederholungen zu Äußerungen eines Erwachsenen; Verständlichkeit noch nicht sehr gut, obwohl sie bei verschiedenen Kindern sehr stark variiert; scheint alles zu verstehen, was zu ihm gesagt wird |
| 3 Jahre | Geht drei Meter auf Zehenspitzen, läuft geradeaus mit Beschleunigung und Verlangsamung; meistert ohne Schwierigkeit scharfe Kurven; geht treppauf und treppab, indem es die Füße abwechselnd vorsetzt; springt 30 cm; kann Dreiradfahren | Vokabular von mehr als 1000 Wörtern; ungefähr 80% der Äußerungen sind auch Fremden verständlich, die grammatische Komplexität der Äußerungen entspricht etwa derjenigen der umgangssprachlichen Erwachsenensprache, wenn auch noch Fehler vorkommen |
| 4 Jahre | Springt über ein Seil; hüpft auf dem rechten Fuß; fängt einen Ball mit den Armen; kann auf einer Linie gehen | Die Sprache ist gut entwickelt; Abweichungen von der Norm der Erwachsenensprache sind eher Abweichungen im Stil als solche in der Grammatik |

*Abb. 3: Entwicklungsstufen in der motorischen und sprachlichen Entwicklung nach LENNEBERG, a.a.O., S. 161 ff*

Diese bei LENNEBERG nachgewiesene Parallelität der motorischen und sprachlichen Entwicklung konnte ich in zehnjähriger praktischer Förderarbeit gravierend sprachentwicklungsgestörter Kinder ebenfalls beobachten. Zunächst war bei allen betreuten Kindern eine erhebliche Koordinationsstörung nachzuweisen, im Verlauf der ambulanten Sprachtherapie wurde die motorische und sensorische Entwicklung intensiv gefördert. Parallel dazu wuchsen die kommunikativen Kontaktmöglichkeiten der betreuten Kinder, die Symptome der multiplen Dyslalie und des Dysgrammatismus bauten sich spontan ab ohne direkt sprachbezogene therapeutische Intervention. Bewegung als Träger und Spiel als Medium von Sprachentwicklung sind die wichtigsten Komponenten in der Förderarbeit mit entwicklungsgestörten oder -verzögerten Kindern.

## 3.1. Voraussetzungen der kindlichen Sprachentwicklung

Zum Erwerb der Sprache ist eine intakte sensorische Integration Grundvoraussetzung. Mit sensorischer Integration und ihren Störungen hat sich J. AYRES (1979, 1984) theoretisch und praktisch auseinandergesetzt. Sie weist nach, daß optische und akustische Sinneseinwirkungen keinen nennenswerten Beitrag zur Entwicklung liefern, sondern vermehrt die tieferliegenden propriozeptiven, vestibulären und taktilen Sinnesreize: „Das Kind kann sehen und hören, aber die Grundordnung seines Nervensystems beruht mehr auf den grundlegenden Sinneseinwirkungen, die von vestibulären, propriozeptiven und taktilen Sinnesreizen ausgehen."

*Abb. 4: Die Sinne, Integration ihrer Reizeinwirkung und ihre Endprodukte nach J. AYRES*

Abbildung 4 gibt eine Übersicht über die einzelnen Sinne, die Wege der Reizverarbeitung und die Endprodukte der Entwicklung (AYRES, 1984, S. 84).

Die Verarbeitungsprozesse verlaufen nach AYRES auf vier Ebenen, die durch Klammern gekennzeichnet sind. „Der Nachteil der Abbildung ist, daß sie nicht die im wirklichen Leben fließenden Übergänge dieser Prozesse darstellt. Die Funktionen, die in der Abbildung aufgeführt sind, entwickeln sich nicht in großen Sprüngen, die von flachen Strecken abgelöst werden. Alle entwickeln sich gemeinsam, aber einige Funktionen leiten zu anderen über" (a.a.O., S. 85).

Sprache und Sprechvermögen erscheinen bei AYRES als das Integrationsergebnis des visuellen, taktilen, propriozeptiven, vestibulären und auditiven Systems.

Noch deutlicher als AYRES gelingt es AFFOLTER, die Hierarchisierung der vorsprachlichen Prozesse der kindlichen Entwicklung darzustellen (Abb. 5).

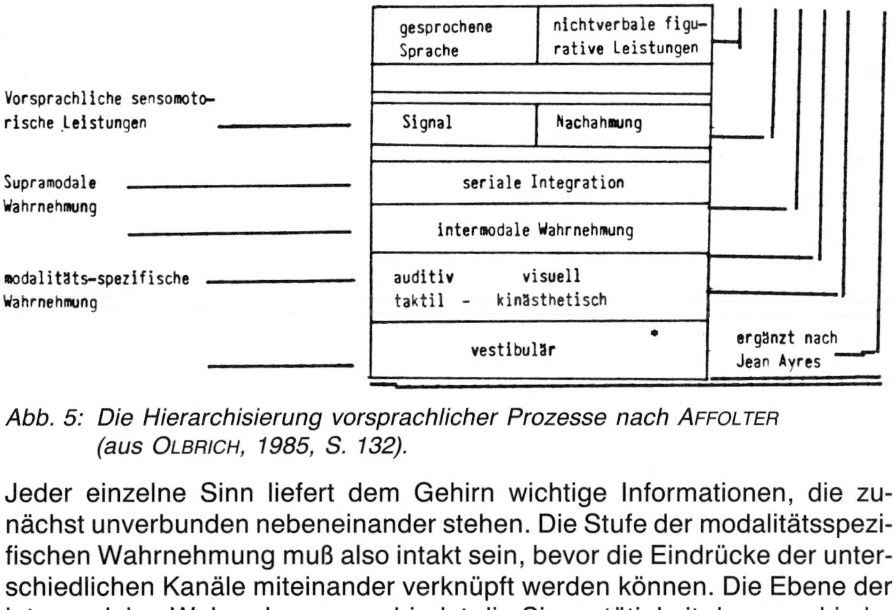


*Abb. 5: Die Hierarchisierung vorsprachlicher Prozesse nach AFFOLTER (aus OLBRICH, 1985, S. 132).*

Jeder einzelne Sinn liefert dem Gehirn wichtige Informationen, die zunächst unverbunden nebeneinander stehen. Die Stufe der modalitätsspezifischen Wahrnehmung muß also intakt sein, bevor die Eindrücke der unterschiedlichen Kanäle miteinander verknüpft werden können. Die Ebene der intermodalen Wahrnehmung verbindet die Sinnestätigkeit der verschiedenen Kanäle, bevor auf einer höheren Stufe im Bereich serialer Wahrnehmung verschiedene Handlungsfolgen und nacheinander ablaufende Reize integriert werden können. Erst darauf bauen sich Signalverständnis und Nachahmungstätigkeit auf, die nach AFFOLTER Voraussetzung zum Spracherwerb sind (siehe auch PETER/EGGERT, 1987).

Nach der humanistisch-anthropologischen Begründung bewegungsorientierter Förderung sprachbehinderter Kinder liefern die neurophysiologischen Erkenntnisse J. AYRES und F. AFFOLTERS einen weiteren wichtigen Schlüssel:

AFFOLTER konnte bei Kindern mit Sprachentwicklungsproblemen Schwierigkeiten und Ausfälle auf allen Ebenen feststellen. Statt am Endprodukt dieses Hierarchierungsprozesses, der Sprache anzusetzen, ist es bei Sprachentwicklungsstörung notwendig, im Gesamtfeld vorsprachlicher Prozesse einzugreifen, Sprachentwicklung über Bewegung und Wahrnehmung zu initiieren.

Den Begriff der Sprachentwicklungsstörung möchte ich nach KNURA definieren, die darunter unterschiedlichste Erscheinungsformen, Entstehungsbedingungen und Entwicklungsverläufe zusammenfaßt, „die sich darin zeigen, daß es einem Kind mit intaktem Gehör und ohne dominierende intellektuelle Beeinträchtigung nicht gelingt, das Regelsystem und den Wortbestand seiner Muttersprache alters- und entwicklungsgerecht zu erwerben" (KNURA, 1982, S. 19).

Nach KNURA gehört zur Sprachentwicklungsstörung immer eine motorische und sensorische Beeinträchtigung.

Die Frage der kindlichen Sprachentwicklung müßte aus vielen verschiedenen Gesichtspunkten erörtert werden, das würde aber den Rahmen dieser praxisorientierten Schrift sprengen. Ich möchte mich zusammenfassend mit den Theorien auseinandersetzen, die direkt Einfluß auf die Integrierte Sprach- und Bewegungstherapie genommen haben.

Eine genaue Kenntnis der kindlichen Sprachentwicklung verdanken wir PIAGET und WYGOTSKI, deren Untersuchungen bis heute Gültigkeit haben. Sie gingen der Fragestellung nach, ob Sprache und Denken als identische oder unterschiedliche Prozesse anzusehen seien. PIAGET ist der Ansicht, Denken und Sprache seien eine einzige psychische Aktivität (PIAGET, 1976). Er geht davon aus, daß sich die kindliche Intelligenz nach und nach sozialisiert und zunehmend mit Begriffen arbeiten kann, weil durch die Sprache das Denken mit dem Wort verbunden wird.

Diese Entwicklung vollziehe sich vom außersprachlichen, autistischen Denken über die egozentrische Sprache zur sozialisierten Sprache und zum logischen Denken.

WYGOTSKI kann als Vertreter der Verbindungsthese angesehen werden (MÜHLFELD, 1975). Er widerspricht den Thesen PIAGETS in wesentlichen Punkten, wenn er davon ausgeht, daß die Funktion von Lautäußerung und Sprache immer sozial und niemals autistisch anzusehen ist.

„Die ursprüngliche Funktion der Sprache ist die der Mitteilung, der Einwirkung auf die Menschen der Umgebung, sowohl von seiten der Erwachsenen als auch des Kindes“ (WYGOTSKI, a.a.O., S. 42).

Die Entwicklung verlaufe von der äußeren, sozialen Sprache über die egozentrische Sprache zur inneren Sprache.

Die Entwicklung des Denkens vollziehe sich vom Sozialen zum Individuellen, dabei sterbe die egozentrische Sprache nicht ab, wie PIAGET gemeint hat, sondern sie werde verinnerlicht als eine Übergangsform von der äußeren zur inneren Sprache, „die ursprünglich soziale Funktion der Sprache wird zum Strukturprinzip des individuellen Denkens“ (LURIJA/JUDOWITSCH, 1973, S. 29).

WYGOTSKI interpretiert das Monologisieren der egozentrischen Phase als spezifisch menschliche Möglichkeit, die bestehende Situation oder ein Problem über Sprache abzubilden, gewissermaßen eine verbale Kopie herzustellen und damit die Assoziation seiner früheren Erfahrungen zu reproduzieren. Er meint, das sei kein gefühlsbetontes egozentrisches Sprechen, wie es PIAGET beschrieben habe, sondern die Einbeziehung der Sprache „zur Vermittlung des Verhaltens durch Mobilisierung derjenigen verbalen Assoziationen, die ein schwieriges Problem lösen helfen“ (LURIJA/JUDOWITSCH, a.a.O., S. 50). Der theoretische Ansatz WYGOTSKIS wurde später durch Experimente LURIJAS und JUDOWITSCHS mit den Zwillingen Ljoscha und Jura verifiziert, die aufzeigten, daß erst die Aneignung und das spätere Verfügen über Sprache die Möglichkeit der Reflexion der Wirklichkeit und der Gewinnung des diskursiven Denkens bietet. LEONTJEW und GALPERIN als weitere Vertreter der materialistischen Psychologie haben die Bedeutung der Sprachentwicklung und des Spracherwerbs für die Aneignung von Welt noch deutlicher gemacht (LEONTJEV, 1971, 1977; GALPERIN, 1977 a, 1977 b).

Da sich das Gedankengut PIAGETS und WYGOTSKIS in der psychomotorisch fundierten Sprachentwicklungsförderung direkt widergespiegelt findet, soll eine Tabelle die wichtigsten Gedanken noch einmal übersichtlich zusammenfassen.

Den wesentlichen Unterschied sehe ich in der Gewichtung der gesellschaftlich-sozialen Einwirkung durch Sprache auf den Menschen. Für PIAGET ist Sprache nur Mittel zum Ausdruck, für WYGOTSKI das entscheidende Instrument zur Aneignung der Welt.

Ich denke, die humanistische und die materialistische Sichtweise geben zwei Aspekte des gleichen Gegenstandes wieder, die gemeinsam einen Teil der gesamten Realität bilden.

Da jede der beschriebenen Entwicklungsstufen auf der vorhergehenden aufbaut, ist das Durchleben jeder einzelnen Stufe für Kinder mit Entwicklungsverzögerungen oder -störungen bedeutsam.

| **Identitätstheorie nach Piaget** | **Verbindungstheorie nach Wygotski** |
|---|---|
| Ausgangslage:<br>Außersprachliches, autistisches Denken. Das Denken ist unterbewußt, Ziele und Probleme sind nicht gegenwärtig, die Wirklichkeit wird aus Imagination und Träumen geschaffen und ist durch Sprache nicht mitteilbar; das Denken geschieht in Bildern, mythisch und symbolisch. | Ausgangslage:<br>soziale, äußere Sprache, Sprach- und Denkentwicklung sind ein kontinuierlicher Entwicklungsprozeß; Sprache ist immer Mitteilung, Einwirkung auf die Umwelt. Die Umwelt wird verbal kopiert, über Sprache werden Assoziation und frühere Erfahrungen abgerufen. |
| Egozentrische Sprache und egozentrisches Denken | Egozentrische Sprache |
| Das Kind erzählt von sich, ohne auf den Standpunkt des Zuhörers einzugehen; es begleitet seine Handlung durch Sprache; Echolalie, Monolog und kollektiver Monolog sind vorherrschende Sprachäußerungen. Die egozentrische Sprache und das egozentrische Denken sterben ab. | Sie ist nicht gefühlsbetont. Sie ist das Strukturprinzip des Denkens. Mittels Sprache kopiert das Kind die Umwelt, eignet sie sich an und gewinnt eine Möglichkeit zur Reflexion der Wirklichkeit. Es mobilisiert verbale Assoziationen zur Lösung von Problemen. |
| Sozialisierte Sprache und logisches Denken | Innere Sprache als Strukturprinzip inneren Denkens |
| Das Denken ist logisch und bewußt, verfolgt Ziele, ist der Wirklichkeit angepaßt. Die Sprache teilt das Denken mit. | Die innere Sprache ist entstanden auf dem Entwicklungsbogen vom Sozialen zum Individuellen. Sie ist Mittel zur Bewältigung, Aneignung und Reflexion der Wirklichkeit. |

*Abb. 6: Gegenüberstellung der Entwicklungstheorien PIAGETS und WYGOTSKIS*

## 3.2. Auditive Wahrnehmung und Sprache

Geräusche und Klänge umgeben uns von Beginn unseres Daseins. Ausgehend vom Herzschlag der Mutter und den Geräuschen ihres Körpers erweitert und differenziert sich unsere auditive Wahrnehmungsfähigkeit, unsere Sinne öffnen sich den vielfältigen Geräuschen der Umwelt immer mehr.

Geräusche lassen unsere Umwelt lebendig werden. Wir nehmen sie unbewußt oder bewußt wahr, filtern, strukturieren oder blenden aus, wie es die persönliche Situation erfordert.

Klänge oder Geräusche können uns lösen oder verspannen, zu größter Aufmerksamkeit oder zu größtem Desinteresse führen. Vorausgegangene

Lernerfahrungen und die Motivation im Hier und Jetzt bestimmen, wie wir mit auditiven Reizen umgehen, wie wir sie aufnehmen, verarbeiten und darauf reagieren.

Zu den spezifisch menschlichsten auditiven Reizen gehört die Sprache. Nie zuvor war der Spracherwerb kulturell so wichtig wie in unserer Gesellschaft. Nie zuvor auch stellten sich Beeinträchtigungen in der Entwicklung der Sprache als so hohe Barrieren in der Individuation und in der Enkulturation dar.

Die Überflutung mit Umweltgeräuschen nimmt ständig zu. Auf dem Weg vom Klang zur Sprache bedürfen die Kinder im Generationenvertrag unserer verständnisvollen Begleitung, wenn sie die gegenwärtige Reizüberflutung bewältigen sollen, ohne Schaden zu nehmen in der Entfaltung ihrer Sinnestätigkeit.

Wie sehr die Entwicklung der auditiven Wahrnehmungsfähigkeit in die Entwicklung der Gesamtpersönlichkeit integriert ist, wurde an den Arbeiten J. AYRES' und AFFOLTERS verdeutlicht.

Mit der Bedeutung der auditiven Wahrnehmungstätigkeit setzt sich WEIGL (in: FÜSSENICH/GLÄSS, Hrsg., 1985) auseinander. Sie untersuchte die handlungsbezogene Sprachwahrnehmung in der Anfangsetappe des Spracherwerbs und kommt zu der Feststellung, daß das Kind aus dem reichlichen Angebot von Sprache und Handlung mehr oder weniger unbewußt „die tätigkeits- und sprachbezogenen Eindrücke, die es in Abhängigkeit von seinem Entwicklungsstadium verarbeiten, speichern und verwenden kann, um Sprache zu verstehen und zu reproduzieren" (a.a.O., S. 122) herausfiltert. Sie führt weiter aus, daß der Hörer über Strategien verfügen muß, die ihm die Identifikation, den Vergleich oder die Zuordnung zu bereits Gespeichertem ermöglichen. „Mit anderen Worten, das Sprachverstehen setzt voraus, daß im Langzeitgedächtnis sowohl die lexikalischen Einheiten als auch die Regeln einer Sprache fixiert und abrufbar sind" (a.a.O., S. 123). Diese Hörerstrategien müssen im Prozeß des Spracherwerbs entwickelt werden.

HEIDTMANN (1979) untersuchte die auditive Wahrnehmungsfähigkeit (akustisch-sprachliche Fähigkeiten) sprachentwicklungsgestörter Kinder und führt das signifikant verlangsamte auditive Lerntempo und die erhöhte Fehlerzahl auf eine auditive Wahrnehmungsschwäche zurück. Sie berichtet, daß diese Schwäche um so gravierender wurde, je mehr die auditive Sinnesmodalität angesprochen wurde (a.a.O., S. 62). Sie beruft sich auf v. RIPER (1970), BECKER/SOVAK (1975) und ebenfalls auf AFFOLTER (1975) und fordert für Kinder mit Sprachentwicklungsstörungen eine Hörerziehung und Förderung der auditiven Fähigkeiten. Eine Sichtung des sehr umfangreichen Materials zur Förderung und Übung habe ergeben, daß nur sehr wenig spezielle oder systematische Angebote vorhanden seien.

In der sehr hilfreichen Materialübersicht „Strukturierte Materialiensammlung“ (TEUMER/WALTHER, o.J.) finden sich lediglich 19 Materialvorschläge, von denen fast alle im ganzheitlichen Kontext der großräumigen Bewegungsarbeit in der Integrierten Sprach- und Bewegungstherapie erprobt wurden. Im Vergleich dazu umfaßt der Bereich der visuellen Wahrnehmungsfähigkeit 36 Vorschläge.

Im Bereich der auditiven Wahrnehmungsförderung eine Hierarchisierung vom Laut zur Sprache vorzunehmen und in ein Übungsprogramm zu fassen, hat meines Wissens als erste FRITZE (1975) versucht. Das Recht des Kindes auf großräumige Bewegung blieb bei diesem Programm größtenteils unberücksichtigt. In der Auseinandersetzung mit FRITZES Vorschlag entstand der „Unterrichtsentwurf zum Thema: Auditive Wahrnehmungsförderung an einer Schule für Lernbehinderte“ (OLBRICH in: IRMISCHER/FISCHER, Hrsg., 1982, S. 220—235). Der dort vorgestellte entwurfartige Therapierahmenplan besitzt aber nur Gültigkeit im Gesamtzusammenhang psychomotorischer Förderpläne für alle Entwicklungsbereiche (OLBRICH, 1985, S. 149—153).

Im Handbuch „Diagnostisches Inventar Auditiver Alltagssituationen“ (PETERS/EGGERT, 1987) wird ein weiteres Stufenmodell der auditiven Wahrnehmungsentwicklung und darauf aufbauend ein Handlungsmodell der auditiven Wahrnehmung vorgestellt. Diesem Modell „liegt die Annahme zugrunde, daß bei einer ungestörten Entwicklung ein Kind durch die verschiedenen Stufen der Wahrnehmungstätigkeit bis zur höchsten Wahrnehmungsfertigkeit, der Strukturierung von Ballungen von Handlungsabläufen gelangt, und daß darunterliegende Stufen und Komplexitätsgrade dabei problemlos durchlaufen werden konnten“ (a.a.O., S. 24).

PETER/EGGERT konnten dieses Modell in ihrer Untersuchung zwar nicht eindeutig bestätigen, es erscheint mir dennoch aber für die Zukunft ein brauchbarer Rahmen für ein ganzheitliches Förderkonzept zu sein.

Die von mir erprobten, im folgenden Teil aufgeführten, nicht hierarchisierten Fördervorschläge ließen sich nach meiner Einschätzung ohne Widerspruch in dieses Gitterwerk einordnen.

Auch EGGERT lehnt einen programmierten Förderablauf ab und impliziert ganzheitliche Förderung, wenn er sagt: „. . . weil letztlich das angestrebte Therapieziel von einer ganzheitlichen Entwicklungsförderung des Kindes ausgeht, in der untrennbar auditive mit visuellen Wahrnehmungsanteilen und mit kognitiven, verbalen und motorischen Entwicklungsanteilen verknüpft sind“ (a.a.O., S. 24/25).

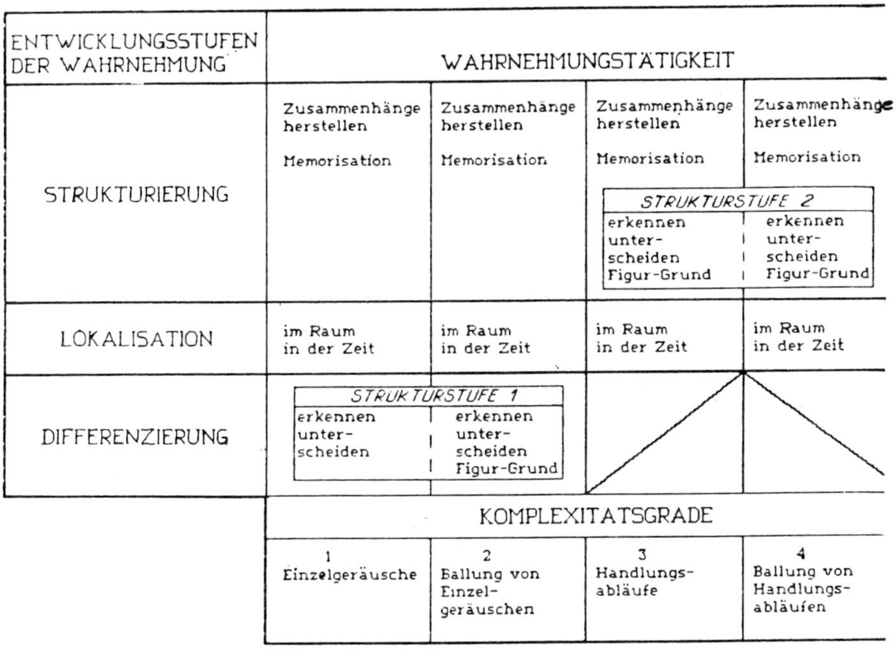


*Abb. 7: Handlungsmodell der auditiven Wahrnehmung (PETER/EGGERT, 1987, S. 24)*

Wie diese ganzheitliche Förderung in der Praxis aussehen kann, soll durch die nachfolgenden Beispiele gezeigt werden.

## 4. Die Praxis psychomotorischer Förderung sprachentwicklungsgestörter Kinder mit dem Schwerpunkt auditiver Wahrnehmungsförderung

Zwischen Theorie und Praxis psychomotorischer Förderarbeit ist zwangsläufig noch immer eine deutliche Diskrepanz wahrzunehmen. Die psychomotorische Entwicklungsarbeit ist in der Praxis entstanden, ihr Erfolg wurde im klinischen Alltag verifiziert. Die theoretische Hinterfragung wurde erst notwendig, als allgemeine Strukturen gefunden werden sollten, um diese Methode einer breiteren Fachwelt zugänglich zu machen.

Ebenso verhält es sich mit der psychomotorisch orientierten Förderarbeit bei sprachbehinderten Kindern. Unbeschadet der mir bewußten Differenz zwischen effizienter Praxis und bisher nicht ausgereifter theoretischer Begründbarkeit (ECKERT, 1985; OLBRICH, 1987 c) ist es wichtig, diese pädagogische oder therapeutische Methode auf möglichst breiter Basis zu erproben, die Wirksamkeit der einzelnen Bedingungsvariablen zu untersuchen und ein allgemeingültiges Konzept zu entwickeln. Dazu möchte ich mit der vorliegenden Arbeit beitragen und ermutigen.

Darüber hinaus glaube ich, daß die Bewegungspädagogik gerade durch die Spannung zwischen Theorie und Praxis belebt wird, daß diese Spannung die Forschung vorantreiben kann.

Die nachfolgenden Beispiele aus der Arbeit mit unterschiedlichen Klassenstufen einer Schule für Lernbehinderte und aus der Sprachambulanz sind zu verstehen auf dem Netzwerk des vorangestellten theoretischen Begründungszusammenhangs.

Sie werden nicht in hierarchischer Zusammenstellung angeboten, da es in meiner praktischen Arbeit keine eigentliche Hierarchisierung gibt. Der ganzheitlich wirksame Lebensanspruch wird hier aufgenommen, in eine ständige Verknüpfung wichtiger Bereiche umgesetzt.

Der angebotene Rahmenplan dient zur Orientierung über vorhandene Möglichkeiten und wird ständig kreativ ergänzt, wie die Praxisbeispiele zeigen sollen.

Ich gehe davon aus, daß die Komplexität der Realität eher in den nachfolgenden Fotos als durch Sprache wiederzugeben ist.

In der Leitzeile wird jeweils die gewählte Stundenstruktur, die Unterrichtsform (UF) angegeben, aus dem großen Bündel der möglichen Handlungsziele gebe ich die wichtigsten Leitziele für den auditiven, motorischen und sprachlichen Bereich sowie das benutzte Material an.

Die methodischen Hintergründe psychomotorischer Sprachförderarbeit werde ich in einem später folgenden Kapitel versuchen zu beleuchten.

## 4.1. Rahmenplan zur auditiven Wahrnehmungsförderung

| *Emotionale und soziale Bindung* | | | |
|---|---|---|---|
| Sensorischer Schwerpunkt | motorischer Handlungsvollzug | sprachlicher Handlungsvollzug | intermodaler Zusammenhang |
| Wir erzeugen Schall mit bekannten Gegenständen<br><br>Wir hören Geräusche und erraten die Schallquelle<br><br>Wir hören und erzeugen Geräusche aus unserer Umwelt<br><br>Wir erzeugen Klänge<br><br>Wir experimentieren mit Orff-Instrumenten<br><br>Wir untersuchen die emotionale Qualität von Klängen, wir erfinden Geräusche und Klänge zu Geschichten<br><br>Wir machen Klang und Schall sichtbar<br><br>Wir untersuchen die emotionale Qualität von Sprache, wir experimentieren mit Sprache, Klang und Geräuschen | Spielhandlungen, szenische Gestaltung, Hörspiele erarbeiten, Imitation von Schallquellen in der Bewegung, Reaktionsspiele, visuelles Material bearbeiten, Lernspiele einsetzen, Katalogbilder, Zeitschriften benutzen, schneiden, reißen, kleben, Collagen herstellen, Musikinstrumente bauen, Umsetzen von Musik in Bewegung, kreativer Tanz, szenische Gestaltung, Rollenspiel, graphische Gestaltung, Musikmalen, Einsatz von plastischem Material, Theater spielen, Filme drehen | **Soziale, äußere Sprache**<br>Sprache teilt mit, wirkt ein auf die Umwelt – mit Sprache wird die Umwelt verbal kopiert, verbale Speicherung von Erfahrungen<br><br>**Egozentrische Sprache**<br>Sprache als werdendes Strukturprinzip des Denkens, verbales Kopieren der Umwelt, verbale Assoziationen werden zur Lösung von Problemen herangezogen<br><br>**Innere Sprache**<br>Ausdruck des individuellen Standpunkts, Bewältigung, Aneignung und Reflexion der Wirklichkeit | vestibuläre Stimulation<br><br>kinästhetisches Empfinden<br><br>Körperschema, Körperimago, Körperbewußtwerdung<br><br>Gesamtkörperkoordination<br><br>Auge-Hand-Koordination<br><br>visuelle Wahrnehmung<br><br>auditive Wahrnehmung<br><br>taktile Wahrnehmung<br><br>olfaktorische Wahrnehmung<br><br>gustatorische Wahrnehmung |

## 4.2. Unterrichtsentwurf zur auditiven Wahrnehmungsförderung

**„Wir verstecken uns hinter Klängen, Farben, Masken und Kostümen und versuchen unsere Gefühle deutlich darzustellen"**

(Förderung der Persönlichkeitsentwicklung mit besonderem Schwerpunkt im motorischen und sprachlichen Bereich)

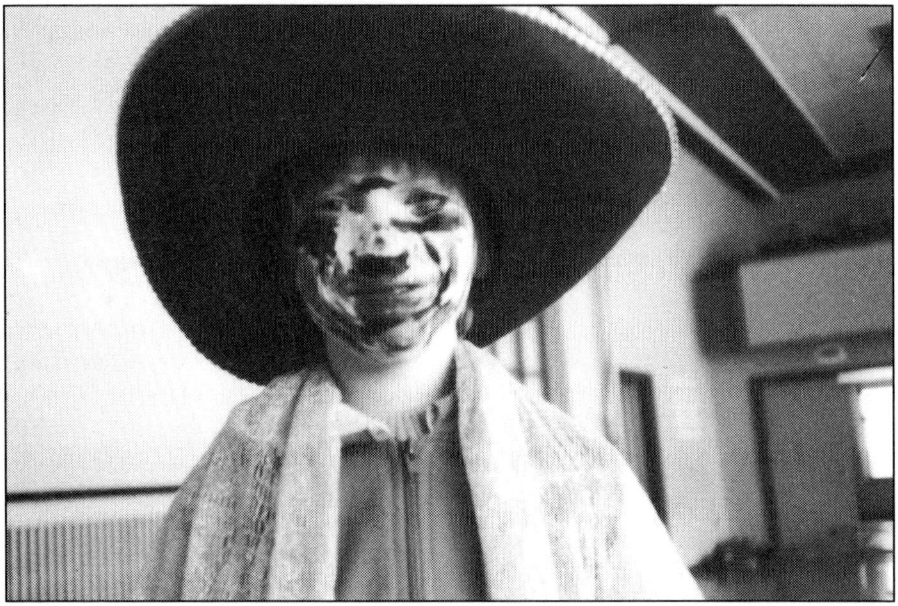

*Abb. 1: Ich verstecke mich hinter bunten Farben*

### 4.2.1. Organisatorische Angaben:

| | |
|---|---|
| Schule: | Valentin-Schule Schmallenberg (Schule für Lernbehinderte) |
| Fach: | Bewegungsorientierter Förderunterricht |
| Klasse: | II, bestehend aus 13 Kindern der Lernstufen zwei bis vier |
| Form des Entwurfs: | Das handlungsorientierte Raster lehnt sich an die Vorschläge MEYERS (1980) an, da diese sprachliche und gedankliche Form Schülern und Lehrern den notwendigen Spielraum läßt |

| | |
|---|---|
| Besonderheiten: | In den Unterricht integriert werden 18 Studenten der Sprachbehindertenpädagogik aus Köln und eine Dozentin, die bewegungsorientierten Unterricht durch eigene Erfahrungen kennenlernen wollen |

### 4.2.2. Das Thema der Stunde im Rahmen meiner Arbeit an der Sonderschule

Seit 1975 wird vor der Aufnahme in unsere Lernbehindertenschule eine umfassende Förderdiagnostik durchgeführt, die helfen soll, die tägliche Unterrichtsarbeit besser auf die Kinder und ihre Bedürfnisse einzustellen.

Im Mittelpunkt meiner schulischen Arbeit steht die motorisch-sensorische, sprachlich-intellektuelle und sprachlich-sozial-emotionale Entwicklung der Kinder.

Das Fördergutachten schlägt dem aufnehmenden Sonderschullehrer vor, wie der Schüler zusätzlich zum schulisch kognitiven Bereich gefördert werden kann.

Als stützende, teilweise therapeutische Maßnahmen werden zur Zeit bewegungsorientierter Förderunterricht, psycholinguistischer Sprachunterricht (KIRK/KIRK, 1976; BUSH/GILES, 1976), Wahrnehmungstraining nach FROSTIG (FROSTIG, 1976) und Aufmerksamkeitstraining für impulsive Kinder nach I. WAGNER (1976) fest im Stundenplan verankert.

Die für den bewegungsorientierten Förderunterricht vorgesehenen zwei Wochenstunden reichen nach meinen bisherigen Erfahrungen für eine optimale Förderung nicht aus: Eine sonderpädagogisch strukturierte Gestaltung des Unterrichtsvormittages mit eingebetteten Fördermaßnahmen wäre wesentlich günstiger, läßt sich zur Zeit aber mit der eingeschränkten Stundentafel nicht verwirklichen. Als zusätzliche Einschränkung muß die Nichtbesetzung von 2,5 Planstellen an unserer Schule angesehen werden, die zu drastischen Unterrichtskürzungen im Bereich von Differenzierungsmaßnahmen geführt hat.

So schränkt der vorgegebene Organisationsrahmen die Möglichkeiten zur Rehabilitation unserer lernbehinderten Schüler durch zu große Gruppen, extreme Differenzierungsnotwendigkeit im Leistungsbereich, unspezifische Arbeitsweise beim Abbau von frühesten Lerndefiziten, durch Zeitdruck und Überlastung infolge von Lehrermangel erheblich ein.

Dennoch versuche ich bei den Schülern meiner Klasse die Voraussetzungen für eine befriedigende individuelle Persönlichkeitsentwicklung zu schaffen, nachdem sie oft durch jahrelange Mißerfolgserlebnisse im familiären und schulischen Bereich stark neurotisiert wurden.

**Mein ganz persönlicher Weg als Lehrerin und Sprachtherapeutin wurde die ganzheitlich orientierte Bewegungstherapie**

Auf diesem Weg konnte ich meine eigene Biographie durcharbeiten, mich als die ganz individuelle Persönlichkeit entdecken, die ich bin, aber auch eine Möglichkeit der Selbstdarstellung finden im Kontakt mit den Kindern, ihren Eltern, den Kollegen und schließlich den Studenten, die bei mir und mit mir lernen wollen.

Der bewegungsorientierte Förderunterricht schenkt **mir und den Kindern** im Bereich der relativ starren schulischen Organisation einen enormen Freiraum:

Das von mir angestrebte Handlungsziel der Schüler ist die ausgereifte *Ich-, Sach- und Sozialkompetenz,* nicht das isolierte Beherrschen von Kulturtechniken.

Im Förderunterricht können wir uns zurückführen auf unsere eigenen Bedürfnisse, auf unseren Körper, unsere Gefühle, unsere **gesamte Person.** Gerade in der Phase der Umschulung in die Sonderschule (die Klasse wurde zu Beginn dieses Schuljahres neu zusammengestellt) ist es besonders wichtig, daß die Kinder spüren, daß sie in ihrer Gesamtpersönlichkeit *akzeptiert* werden. Ich ermögliche es ihnen durch Spiele aus den Bereichen der Körperbewußtwerdung und des Körperschemas, durch spielerische Übungen zur Verbesserung ihrer Bewegungskoordination und des Gleichgewichts, durch auditive, visuelle und taktile Anregungen. Wir spielen, spielen, spielen . . .

Ziel unserer Bewegungsspiele ist die persönliche Entspannung, das Ausleben des kindgemäßen und lebensnotwendigen Bewegungsdrangs, der in der institutionalisierten Erziehung oft zum Schaden der Kinder unterdrückt wird.

### 4.2.3. Bedingungsanalyse

#### *4.2.3.1. Handlungsspielräume als Lehrerin*

Die Psychomotorik als rehabilitative, therapeutische Form des Sportunterrichts war in den vorläufigen Richtlinien der Schule für Lernbehinderte in NRW fest verankert. Die zur Zeit gültigen Rahmenpläne lassen den Bereich des Förderns und der Therapie unberücksichtigt, ein Mangel, der den Bedürfnissen unserer Schüler nicht gerecht wird.

Wenn an unserer Schule die Motopädagogik dennoch einen so breiten Raum einnimmt, so verantworte ich meine Arbeit gegenüber Schülern, Eltern, Kollegen und Dienstaufsicht aus der Kenntnis eigener und wissenschaftlicher Untersuchungen, die 85% (bei uns über 90%, in den beiden

Eingangsklassen 100%) der Sonderschulpopulation gravierende Defizite im motorisch-sensorischen Bereich zuschreiben.

Nach meinen Erfahrungen in einer „alternativ“ arbeitenden Schule ist gerade die Entfaltung des Kindes im motorisch-sensorischen Bereich unerläßlich für eine entspannte und angstfreie Persönlichkeitsentwicklung.

In intensiver Elternarbeit wurden die verschiedenen Fördermöglichkeiten praktisch vorgestellt und theoretisch begründet. Besonders der bewegungsorientierte Förderunterricht hat bei den Kindern und Eltern Anklang gefunden.

### *4.2.3.2. Fachwissenschaftliche Vorgaben*

Die sonderpädagogische Akzentuierung psychomotorischer Arbeit besteht nach meiner Auffassung darin, *alle* Entwicklungsbereiche kindlichen Lernens gleichberechtigt nebeneinander zu stellen.

In diesem Sinne lehne ich ein rein funktionales Training und damit eine auf Defizite abgestellte Therapie ab.

Die Förderung der Bewegung, der auditiven, visuellen, taktilen Wahrnehmung, der kinästhetischen, gustatorischen, olfaktorischen Wahrnehmung, der Sprache, des Denkens können nicht voneinander getrennt vorgenommen werden. Sie sind eingebettet in die sozialen Lernfelder und damit Basis der Kommunikationsfähigkeit.

Den sprachlichen Bereich sehe ich von der Gewichtung durch Schule und Gesellschaft besonders akzentuiert. Hier liegt mein besonderer Ansatz, da gerade lernbehinderte und sprachbehinderte Kinder in ihren sprachlichen Kompetenzen problematisieren und Mißerfolge sammeln.

Psychomotorik muß in meinen Augen Spiel sein, nicht Training. Nur das Spiel ist die kindgemäße Weise der Auseinandersetzung mit sich, der Umwelt, dem anderen Menschen.

Höchst ungern benutze ich fremde Gedanken, um mein Anliegen deutlich zu machen. Aber folgender Abschnitt beschreibt die Situation der heutigen Kinder so treffend, daß ich ihn aufführen möchte: „Jetzt beginnt der Ernst des Lebens“, verkünden viele Erwachsene Kindern, die in die Schule kommen. Und es scheint tatsächlich so zu sein: Kinder, die bisher gespielt haben, fangen an, „ernsthaft“ etwas zu lernen. Sie lernen lesen und schreiben und rechnen und, später dann, Sprachen und Geschichte und Naturlehre. Sie erfahren von Kriegen und Friedensschlüssen und lösen Gleichungen mit mehreren Unbekannten, sie bemühen sich um Orthographie und kämpfen mit der Grammatik. Um dieses alles erreichen zu können, erwarten die Erwachsenen von ihnen, *daß sie viele Stunden am Tag ruhig sit-*

*zen, daß sie zuhören und aufpassen, daß sie saubere Hände haben, um reinliche Hefte führen zu können, daß sie nicht schreien, sondern nur sprechen, wenn sie gefragt werden, daß sie Schulgeräte und Schulmöbel nur so verwenden, wie Erwachsene das tun, daß sie . . .“*
(DAUBLEBSKY, 1978, S. 7)

Einer solchen Verschulung möchte ich mit der bewegungs- und spielorientierten Arbeit entgegenwirken. Das ist um so notwendiger, als alle Kinder meiner Klasse durch ihr Versagen und die damit verbundene psychophysische Bedrohung schwerste seelische Schäden erlitten haben.

(Wer sich näher mit der fachwissenschaftlichen Begründung des Spielens in der Schule beschäftigen möchte, der lese in dem oben angegebenen Buch das Kapitel 8 „Spiel und kognitives Lernen — ein Widerspruch?“, S. 252 ff).

### *4.2.3.3. Alltagsbewußtsein und Interesse der Schüler am Thema*

Die bewegungsorientierte Förderstunde ist die Lieblingsstunde von uns allen! Die Kinder haben den Freiraum, der uns hier geboten wird, sofort erkannt und angenommen. Ihr Interesse an den Spielsituationen ist gekennzeichnet von Neugier, beginnender Experimentierfreudigkeit und häufig bereits wieder Einbringen eigener, kreativer Einfälle.

Ich denke, daß in der Karnevalswoche meine Idee des Verkleidens und des versteckten Auslebens von Gefühlen die Kinder ganz besonders ansprechen wird. Sie haben in den letzten Tagen oft gefragt, ob wir miteinander Karneval feiern, in diesem Thema ist der Wunsch der Kinder zum Teil aufgefangen.

Auf die Studenten freuen sie sich schon seit langem, die neue Gruppe wird mit Spannung erwartet. Die Zusammenarbeit von drei Schülern und vier Studenten erhöht die Möglichkeit der freien Entfaltung, schenkt den Kindern noch mehr intensive Zuwendung, die sie so dringend brauchen. Sie haben einen enormen Bedarf an Liebe, den ich allein gleichzeitig für alle 13 Kinder gar nicht immer stillen kann. In der Kleingruppenarbeit mit Erwachsenen fühlen sich die Schüler meiner Klasse sehr glücklich.

### *4.2.3.4. Verkehrsformen*

Gerade im bewegungsorientierten Förderunterricht ist es besonders gut möglich, das Miteinander von Kindern und Erwachsenen auf eine demokratische Grundlage zu stellen. Die Interaktion im schulischen Bereich wird geprägt von dem Versuch, einander zu verstehen, miteinander zu kooperieren und nicht zu konkurrieren, Konflikte als menschlich anzusehen und sie für Lernprozesse fruchtbar zu machen, das eigene innere Gleichgewicht durch Selbststeuerung zu wagen (meine eigenen praktischen Erfahrungen wurden bestätigt durch das beeindruckende Buch von LIEDLOFF „Auf der Suche nach dem verlorenen Glück“ und den Veröffentlichungen MILLERS) und als eine so gefestigte Persönlichkeit auf den Partner zuzugehen.

Achtung auch und gerade vor dem behinderten Kind, Toleranz und Güte sind neben Wärme, Verständnis und Zuwendung eine Auswahl von Begriffen als Ausdruck von Gedanken, die zeigen sollen, daß hier keine Entwicklung des Kindes in Richtung der Ziele des Lehrers stattfinden soll, sondern eine Entwicklung der im Kinde immanenten Möglichkeiten.

Dieser Weg ist nicht einfach, wie sich in den letzten Monaten gezeigt hat. Meine ehemalige Klasse, die ich mit Ablauf des vorhergehenden Schuljahres abgab, hatte die Notwendigkeit der akzeptierenden Existenz in fünf Jahren des Zusammenseins so intensiv aufgenommen, daß die Übernahme dieser neuen Klasse mich mit meinen Ansprüchen konfrontiert (Wechsel von Schj. 83/84 nach 84/85).

Die 13 Schüler, die mit Beginn dieses neuen Schuljahres in meine Klasse aufgenommen wurden, waren zutiefst verletzt worden, konnten weder sich noch andere annehmen. Das Sozialverhalten war problematisch: viele Kinder reagierten mit ständigen Aggressionen gegen sich selbst. Ich habe während der Unterrichtsstunden unerschütterlich mit Körper und Sprache ausgedrückt: „Sieh dich selbst! Du bist ein wertvoller Mensch! Du bist ein Mensch mit Problemen! Ich bin ein Mensch mit Problemen! Darüber können wir sprechen! Ich mag dich *mit* deinen Problemen!“

Diese Monate haben eine enorme Kraft gekostet. Mir kamen zum ersten Mal in 16 Berufsjahren Gedanken wie: „Meine Kraft reicht nicht aus, die Wunden dieser Kinder zu heilen . . . Ich bin erschöpft, ich möchte mehr Freiraum für mich haben . . .“ Nach Schulschluß habe ich den Rest des Tages benötigt, mich von den Auseinandersetzungen und Kämpfen in der Klasse zu erholen.

Aus den Weihnachtsferien kamen dann Kinder in den Klassenraum zurück, die verändert waren: Sie lachten miteinander, sie begannen, sich gegenseitig zu helfen, sie entwickelten eigene Spiele im Gruppenraum, sie lösten ihre Probleme mehr mit Worten als mit Fäusten, sie zeigten neben Ablehnung auch Zuneigung, die Schule und der Unterricht begannen wieder Spaß zu machen . . .

### 4.2.4. Didaktische Struktur

Diese Förderstunde ist ein weiterer Versuch, uns alle miteinander dazuzubringen, mit der eigenen Persönlichkeit zu **experimentieren.** Dahinter steht die Frage: „Wer bin ich? Bin ich die oder der, zu der/dem mich andere gemacht haben? Bin ich so, wie mich andere sehen wollen? Welche Gefühle gibt es, welche habe ich, welche tun gut, welche belasten mich, welche belasten andere . . .?“

Die vier Angebote für die Gruppe sollen möglichst so offen gehalten sein, daß aus der Gruppe heraus Spielmöglichkeiten entwickelt werden können.

*4.2.4.1. Handlungsziele*

Eine Reflexion über die Handlungsziele wird durch die Teilnahme der Studenten erschwert, da durch deren Anwesenheit weitere Aspekte in die Stunde einfließen. Ich wage dennoch den Versuch, mir sprachlich-schriftlich Rechenschaft darüber zu geben, was ich von den Teilnehmern und mir erwarte:

— Durch den informierenden Unterrichtseinstieg in Form einer gebackenen Maske möchte ich uns alle in die Doppelstunde einstimmen.

— Meine Schüler und Studenten werden hoffentlich durch das Informationsplakat mit Vorfreude und Neugier reagieren, sich vielleicht sprachlich dazu äußern.

— Das Begrüßungsspiel zu Musik soll Bewegungsfreude wecken.

— Das Begrüßungsspiel zu Musik soll Kontaktfreude wecken.

— Das Begrüßungsspiel zu Musik soll die Lesefertigkeit vertiefen, da mit der Begrüßung die Namen auf dem Aufkleber gelesen werden müssen.

— Wir wollen durch das Begrüßungsspiel spielerisch verschiedene Formen der Fortbewegung erproben, verschiedene Körperteile bewußt werden lassen, zwei Signale (auditiv und visuell) in Handlung umsetzen.

— Das Begrüßungsspiel zu Musik soll den in den beiden ersten Schulstunden angestauten Bewegungsdrang durch großräumige Bewegung zum Ausdruck kommen lassen.

— Bei der Vorbesprechung der Gruppenarbeit soll nach Möglichkeit eine Selbstregulierung ohne Lenkung durch den Lehrer möglich werden (je Gruppe 3 Schüler und 4 Studenten).

— Die Gruppenarbeit kann selbständig ohne Anleitung durchgeführt werden.

— Die Teilnehmer werden eigene Spielideen entwickeln und kreativ und kooperativ sein.

— Die Studenten werden sich gleichberechtigt wie die Kinder einbringen und nicht „Lehrer spielen“.

- Kinder und Erwachsene sollen handeln, *erleben, erfahren,* weniger durch Worte lernen.
- In der Gruppenarbeit sollen reiche Material- und Sozialerfahrungen gemacht werden können.
- Ein zweites Mal kann die Lesefähigkeit geübt werden durch sinnentnehmendes Lesen der Arbeitskarte.
- In der Gruppenarbeit kann völlig frei über Gefühle gesprochen werden, wenn das Bedürfnis bei den Teilnehmern vorhanden ist.
- In der Gruppenarbeit können die körperlichen, stimmlichen oder symbolischen (in Klang, Farbe, Kostümierung) Möglichkeiten des Ausdrückens von Gefühlen erprobt werden.
- Die sprachlichen Möglichkeiten der Studenten werden erweitert, wenn über mehr als Vorlesungen und Übungen mit kognitiven Inhalten gesprochen wird.
- Die sprachlichen Möglichkeiten der Schüler werden erweitert, wenn über mehr als „rechnen – schreiben – lesen" gesprochen wird.
- Wir erfahren die Begriffe und Inhalte für Gefühle wie: Freude, Spaß, Fröhlichkeit, Angst, Trauer, Schmerz, Wut, Zorn, Haß.
- Wir machen in der Veröffentlichungsphase den anderen, der Großgruppe die gemachten Erfahrungen deutlich.
- Wir haben viel Spaß durch die Möglichkeit des „Theaterspielens" vor der Großgruppe.
- Wir lernen nicht nur durch eigenes Tun, sondern auch durch die Möglichkeit des Beobachtens der Handlung der anderen Gruppe.
- Im Abschlußgesprächskreis wird jeder Teilnehmer einmal bewußt in den Mittelpunkt gestellt. Ich drücke damit aus „Du bist mir wichtig", „Deine Meinung ist mir wichtig", „Jeder ist gleich wichtig".
- Die Möglichkeit der sprachlichen Reflexion ist ein freies Angebot, kein Zwang.
- Jeder Teilnehmer soll seine eigenen Aspekte einbringen können: eigene Gefühle, Stundenablauf, Probleme oder Konflikte mit oder ohne Lösungen, Lernerfahrungen, Lernzuwachs u.a.m.
- Im Abschlußgesprächskreis soll noch einmal die innere Struktur unseres Zusammenseins deutlich werden.

*4.2.4.2. Individuelle Bedürfnisse der Schüler*

(Individuelle Bedürfnisse der Studenten sind für die Woche des Kompaktseminars ausgedrückt worden, ich habe die Erwartungen als Anlage beigefügt.)

Im bewegungsorientierten Förderunterricht versuche ich als Lehrerin noch intensiver als im regulären Unterricht die Bedürfnisse des einzelnen Kindes wahrzunehmen und zu berücksichtigen. Ich bin mir bewußt, daß bei 13 Schülern der Anspruch, den ich hier an mich stelle, sehr hoch ist. Ich erwarte aber von mir kein „perfektes Verhalten“, sondern ein „ehrliches Verhalten“, so daß wir miteinander versuchen, unsere Bedürfnisse auszupendeln.

Die Namen der Kinder wurden geändert, um ihre persönliche Sphäre zu schützen.

Maria leidet unter den Folgen einer frühkindlichen emotionalen Deprivation. Die Entwicklung verlief durch schwierige häusliche Verhältnisse extrem verzögert. Sie zeigt immer noch deutlichen Leidensdruck. Sie will durch einen unstillbaren Bewegungsdrang sichtbar Lernerfahrungen nachholen. Bei Aufnahme in diese Klasse empfand sie sich als sehr minderwertig und entwickelt im Augenblick ihr Selbstbewußtsein über Erfolgserlebnisse und Zuwendung der Gruppe. Da sie sich erst jetzt selbst entdeckt, kann sie sich den Bedürfnissen der Gruppe noch nicht gut zuwenden. Maria benötigt „ganz viel Liebe“, wie ein Mitschüler in der Klasse treffend ausgedrückt hat. Wir müssen achtgeben, sie als autonome Persönlichkeit zu fordern, aber nicht zu überfordern.

Heiner entstammt einer randständigen Familie mit 11 Kindern, aber einer enormen Nestwärme. Er wird als Nesthäkchen gehätschelt und möchte trotz seiner 11 Jahre in der Rolle des „Klassenbabys“ verbleiben. Die häusliche und schulische Erziehung sind leider kontrovers: Probleme werden daheim nur handgreiflich gelöst, so daß Heiner große Mühe hat, in der Schule andere Möglichkeiten zu entwickeln. Die Aufgabe, diesem Kind zur Selbstverwirklichung zu verhelfen, ist fordernd: „Trau dir etwas zu!“ „Du bist kein Baby mehr!“ Er bedarf vorsichtiger Hilfe bei der Lösung von Schwierigkeiten, aber auch deutlicher Grenzen, wo er andere verletzt.

Rolf lebt in schwierigen familiären Bedingungen mit repressiver Erziehung. Er hat sich in elf Lebensjahren in völlige Passivität zurückgezogen. Im Freiraum dieser Klassengemeinschaft entdeckte er nun seinen *eigenen Willen,* sein Lieblingssatz lautet zur Zeit: „Das mach ich nicht.“

Ich finde es wichtig, daß der eigene Wille eines Kindes von mir unbedingt respektiert wird, aber ich habe Probleme damit, das auch in diesem Fall zu akzeptieren, weil bei mir Ängste ausgelöst werden, daß durch die Verweigerung die Entwicklungsmöglichkeiten weiter behindert werden und natürlich auch meine Autorität in Frage gestellt wird. Obwohl ich weiß, daß nur Rolf selbst für seine Entwicklungsmöglichkeiten verantwortlich ist, löst sein Verhalten in mir Druck und damit häufig auch falsche Reaktionen aus.

Dirk erlitt bei der Geburt vermutlich einen leichten frühkindlichen Hirnschaden, der zu einer sensomotorischen Entwicklungsretardierung führte. Die häuslichen Verhältnisse sind mehr als schwierig: Spannungen, viele Suizidversuche der Mutter, Schuldruck haben zu tiefsitzenden Lebensängsten geführt. Dirk ist dabei, seine schmerzhafte Biographie verbal zu bewältigen. Die ganze Kinderpersönlichkeit beginnt sich zu verändern, wo anfangs größte tätliche Aggression war, wachsen jetzt Verständnis und Hilfsbereitschaft. Er erkennt sich als anerkanntes soziales Wesen.

Paulo ist das einzige Gastarbeiterkind in der Klasse. Er ist durch den frühen Tod des Vaters und die lebensbedrohende chronische Erkrankung der Mutter trotz guter intellektueller Ausstattung zum Schulversager geworden. Die in der Grundschule deutlich sichtbaren Verwahrlosungstendenzen sind gemildert. Er übernimmt inzwischen Verantwortung für andere, geht an Aufgaben heran, lernt seine Bewegungsunruhe sinnvoller einzubringen als durch Ärgereien bei Mitschülern, Aggressivität usw. Er soll in unserer Gemeinschaft erfahren, daß er gute Entwicklungsmöglichkeiten hat.

Susanne erlitt bei der Geburt (Zwillingsgeburt) vermutlich eine leichte frühkindliche Hirnschädigung. Der Zwillingsbruder, als der Stärkere, belastete wahrscheinlich zusätzlich die ungestörte Entwicklung seiner Schwester. Susanne verhielt sich mutistisch. Erst jetzt stellte sich durch einen Suizidversuch der Mutter heraus, in welch schwierigen häuslichen Bedingungen das Kind lebt. Auch Susanne fordert für sich eine ungeheure Zuwendung. Vor wenigen Wochen erklärte sie mich während eines Spiels auf dem Luftkissen zu ihrer „Zwillingsschwester". Ich habe diese Rolle angenommen, weil sie mir die spielerische Möglichkeit gibt, auf die Bedürfnisse des Kindes einzugehen und die Geschwisterkonstellation zu bearbeiten. Langsam beginnt Susanne sich selbst wahrzunehmen, uns wahrzunehmen. Sie öffnet die Augen, sie schaut uns an, sie spricht uns an. Sie wird von uns ermutigt auf diesem Weg.

Hans wurde vor zwei Wochen in die Klasse aufgenommen. Er erlitt medizinisch nachweislich während der Schwangerschaft und der Geburt eine leichte frühkindliche Hirnschädigung, die zu einer gravierenden motorisch-sensorischen Retardierung führte. Eine Frühförderung vor der Einschulung konnte nicht durchgeführt werden, weil Eltern und Ärzte das Problem nicht erkannten. Vor einem Jahr verunglückte die Mutter tödlich, so daß die Entwicklungsbedingungen nun zusätzlich belastet scheinen. Auch Hans ist verhaltensauffällig durch gesteigerte Bewegungsunruhe und Leistungsverweigerung. Er zeigt regelmäßig durch Umarmungen, wie sehr er Liebe und Vertrauen sucht und zu geben bereit ist.

Heike ist „Scheidungshalbweise“ und lebt bei ihrer fast debilen Mutter. Durch die unterdrückenden Erziehungseinflüsse ist sie selbst fast debil geworden. Sie war konditioniert auf Erwachsenenabhängigkeit und traute sich eine selbständige Arbeit nicht zu. Ihre beständige Frage lautet: „Frau Olbrich, wie geht das? Soll ich das so machen? . . . Ich kann das nicht . . .“ Sie verharrte in ihrer kleinkindlichen Verhaltensweise ohne jedes Gefühl für den eigenen Wert.

Ich sage Heike, daß sie ein selbständiger Mensch ist wie ich. Ich wisse, daß sie selbständig handeln könne. Ich sei nicht dazu da, ihre Aufgaben zu lösen, das könne sie selbst. Ganz langsam fängt sie an, an sich zu glauben. Auch sie sucht ständig die körperliche Nähe.

Otto ist mir in seiner Entwicklung nicht so deutlich wie die anderen Schüler. Im Umschulungsgutachten lassen sich keine Ursachen für das Schulversagen ausfindigmachen. Es findet sich ein kleiner Hinweis auf eine Herzrhythmusstörung.

Otto ist unter Belastung bewegungsunruhig, kann sich inzwischen aber gut konzentrieren. Er möchte, daß alles nach seinem Willen geht, Frustrationen führen zum sofortigen Abblocken. Er benötigt in schwierigen Situationen die besondere Ruhe und überlegte Reaktion der Lehrerin, dann findet er eigenständige Lösungen.

Christina lebt in sehr schwierigen häuslichen Verhältnissen. Ihre Minderbegabung ist hereditär, aber zu ihrer und unserer großen Freude wird sie jetzt sehr selbständig, zuverlässig und hilfsbereit. Sie spürt, daß sie in der Klasse wichtig ist und fordert sich.

Fritz wurde zum Schulversager, weil gravierende sprachliche Defizite aus der frühen Kindheit die Entwicklung behinderten. Das Leistungsversagen, die nicht erfüllte Erwartung bei den Eltern, führten zu sehr tiefen neurotischen Ängsten. Fritz litt unter diesen Spannungen so sehr, daß selbst das Schriftbild die Ängste deutlich machte. Auch er wird nun mit jedem Tag selbstbewußter, freudiger, offener, weil er akzeptiert wird, wie er ist. Sein neuer Mut gipfelte in der vergangenen Woche in dem aufgeregten Satz, mit hochrotem Kopf vorgetragen: „Frau Olbrich, du bist eine **gute** Lehrerin.“

Michael ist seelisch tief betroffen. Er sagt, er möchte am liebsten tot sein. Er traut sich gar nichts zu. Er möchte gar nichts machen. Er möchte nur dasein und uns zuschauen. Er sagt, daß er es schön bei uns findet.

Ich hoffe, daß es richtig ist, wenn ich ihn bestimmen lasse, was er will. Während ich mich bei Rolf doch hin und wieder zu einer Beeinflussung wider besseren Wissens verleiten lasse, gelingt mir bei Michael dieses Vertrauen in die selbstregulierende Persönlichkeitsentwicklung.

Dieter ist geistig beweglich, intellektuell gut ausgestattet, aber durch schwierige häusliche Verhältnisse beeinträchtigt worden. Seit er weiß, daß er jemand ist, etwas kann, ist er ein tragendes Mitglied unserer Gemeinschaft. Er will auch im Leistungsbereich gefordert werden.

*4.2.4.3. Individuelle Bedürfnisse der Studenten*
*(geäußert in einem Luftballonspiel zum Auftakt des Seminars)*

- viele neue Ideen sammeln für die Praxis, sich wohlfühlen trotz viel Arbeit, Gespräche, Entspannung usw.
- Praxis kennenlernen, neue Anregungen für Unterricht, in der Gruppe mit Kindern frei zusammenarbeiten
- Spiel und Spaß, viel Praxis, gemeinsamer Ideenaustausch, neue Anregungen, Umgang mit Kindern
- ich möchte mich selbst in Beziehung mit anderen Menschen erfahren
- neue Ideen und Anregungen, wie man **auch** mit Kindern arbeiten kann, Kenntnisse vertiefen und neue gewinnen, gute Atmosphäre
- praktische Anregungen, Ausmaß an Mitarbeit selbst bestimmen, Angst vor Überforderung
- ganz Mensch sein
- ich möchte lernen, wie lernen Spaß macht
- ich möchte Möglichkeiten kennenlernen, Bewegungsförderung und Sprachtherapie miteinander zu verbinden
- ich möchte mit euch Spaß haben
- Erfahrungen sammeln über praktische und umsetzbare Möglichkeiten in der Therapie mit Kindern
- Erfahrungen mit Menschen und Bewegungen sammeln, selbst den Ablauf mitgestalten und mitbestimmen
- praktische Erfahrungen machen, gemeinsam mit Kindern und Lehrern und Studenten zu arbeiten, Spaß haben!
- Ideen für die Arbeit mit Kindern, einen Einblick in die Zusammenhänge von Sprache und Motorik (praktisch und theoretisch), praktische Anregungen, Spaß und Kontakte

### 4.2.5. Handlungssituation und Handlungsschritte

Der informierende Unterrichtseinstieg gehört zu den Selbstverständlichkeiten meines täglichen Unterrichts.

Ich möchte erreichen, daß die Kinder wissen, was für einen Unterrichtsmorgen und für jede spezielle Unterrichtsstunde geplant ist. So habe ich weniger das Gefühl, daß ich jemanden manipuliere.

Die Kinder haben die Möglichkeit, wenn auch auf noch so einfache Weise und mit ihren zur Zeit noch beschränkten Möglichkeiten, sich mit mir und meinen Unterrichts-, Lehr- und Lernplänen auseinanderzusetzen. Sie äußern jetzt schon häufig ihre Gefühle dazu, ihre Wünsche, Hoffnungen, Probleme, Ablehnungen.

Anfangs war die ungewohnte Information über einen Vormittagsplan eine Überforderung. Die Kinder der Klasse wollten und konnten den Gedankenschritten nicht willkürlich folgen.

Ich habe lernen müssen, die Informationen klarer auszudrücken, besser zu strukturieren. Zum jetzigen Zeitpunkt bin ich sicher, daß ich mich bei den Kindern mit den wichtigsten Informationen verständlich machen kann.

Zu Beginn dieser Unterrichtsdoppelstunde sollen 31 Menschen aufeinander zugehen, die sich durch meine Vermittlung zufällig einmal im Leben für eine kurze gemeinsame Woche treffen.

Dieser Ersteindruck ist für die Kinder sehr wichtig, weil ich nicht möchte, daß meine Klasse durch meinen Lehrauftrag an der Universität zusätzlich Schwierigkeiten bekommt; für die Studenten ist es wichtig, Kinder als die Menschen kennenzulernen, die sie unter der erworbenen äußeren Schale von Verhaltensschwierigkeiten sind. Ich kenne kein besseres Spiel, als das der ausdauernden, intensiven Begrüßung.

Wenn wir dazu noch „verrückt spielen" und möglichst viele Körperteile und Bewegungsformen bei dem Begrüßungsspiel einsetzen dürfen, wird das allen besonderen Spaß machen; Spaß haben ist ein ganz besonders wichtiges Verhaltensziel in dieser Unterrichtseinheit. Untermalende, entspannende Musik setze ich ganz bewußt ein, um auch die bei uns allen verborgenen tieferen Schichten zu erreichen.

Meine Aufgabe ist mit der Vorstrukturierung der Stunde abgeleistet, im Ablauf selbst möchte ich Spielteilnehmer wie jeder andere sein. So habe ich für die verschiedenen Begrüßungsrituale kleine Folien für den Tageslichtschreiber mit Körperteilen vorbereitet, mit denen jeder Teilnehmer aktiv in den Ablauf eingreifen kann.

Der problematischste Teil der Einheit wird die Information über die Gruppenarbeit und die Einteilung in Spielgruppen sein. Dennoch vertraue ich auf die Selbstregulierung durch Schüler und Studenten und werde so wenig wie möglich lenken.

Entsprechend meinen Erziehungszielen ist der Unterricht in Kleingruppen Mittelpunkt meiner Arbeit. Inzwischen sind die Kinder in einem normalen Schulalltag in der Lage, in verschiedenen Räumen der Schule Einzelprobleme in kleinen Gruppen anzugehen. Die Kinder und ich als verantwortliche Erzieherin freuen uns über diese Form der Selbständigkeit.

Das Vorgehen ist prozeß- und nicht produktorientiert:

Auf die Qualität der Handlungsergebnisse wird zum jetzigen Zeitpunkt noch wenig Wert gelegt, weil die selbständige Bearbeitung und Fertigstellung einer Aufgabe wichtiger ist als ein vorläufiges Ergebnis.

Zentraler Punkt der vorgestellten Einheit ist wiederum die Gruppenarbeit. Sie soll den notwendigen Freiraum bieten, mit meinen Unterrichtsvorschlägen unbeobachtet und kreativ umzugehen. Bewußt möchte ich diesen Punkt weder gedanklich noch sprachlich vorweg strukturieren, um keinerlei Einfluß durch unbewußte Signale auszuüben, durch Erwartungshaltung etc.

Jede Gruppe geht mit der zur Verfügung stehenden Zeit völlig autonom um. Sie brauchen später keine Rechenschaft abzulegen, sollten aber die Großgruppe über den Ablauf informieren.

Die Veröffentlichung der Unterrichtsergebnisse, der Handlungsabläufe, der Konflikte und ihrer Bewältigung oder Nichtbewältigung ist wichtig, um die Arbeit innerhalb der Klasse schrittweise hinauszutragen und die Verbindung untereinander wieder herzustellen:

— Wir informieren die Großgruppe,
— wir informieren die Mitschüler und anderen Lehrer (Wandzeitungen, Modelle u.a.m.),
— wir informieren die Eltern,
— wir informieren die Öffentlichkeit (Schulzeitung, Zeitungsberichte).

Gerade das Veröffentlichen muß schrittweise angebahnt werden, weil die Kinder zunächst nur sehr egozentrisch gearbeitet haben, ohne sich für den sie umgebenden Bezugsrahmen zu interessieren. Das Komödiantenhafte des heutigen Themas, das stellenweise Theatralische wird den Kindern die Veröffentlichung der Ergebnisse erleichtern. Die Ausnahmesituation und der spätere Einsatz der Bühne wird die Konzentration mit Sicherheit steigern.

Der Abschlußgesprächskreis rundet die Stunde ab. Hier sollte im Gespräch eine Auswertung der Ergebnisse möglich werden. Dennoch ist wichtig, die Erwartung möglichst gering zu halten und den einzelnen Teilnehmer selbst wählen zu lassen, zu welchen Aspekten er sich äußern möchte.

### *4.2.5.1. Material*

Info-Plakate mit Maske als Salzteiggebäck, Schallplattenspieler mit Schallplatte, Overheadprojektor und vorbereitete Miniaturfolien (Körperteile), verschiedene festliche Kleidungsstücke, Schminkutensilien, soziales Lernspiel „Helferspiel" (Otto Maier Verlag), Orff-Instrumente, vor allem Rhythmusinstrumente, Karnevalsmasken, evtl. Wasserfarben, Pinsel und Papier.

*4.2.5.2. Geplanter Stundenablauf*

**1. Informierender Unterrichtseinstieg**

— Ziele und Ablauf vorstellen

— Reaktionen abwarten

— Erwartungen verbalisieren lassen

**2. Großräumige Bewegung zur Spannungsabfuhr**

Wir bewegen uns zu Musik durch den Raum und begrüßen uns mit verschiedenen Körperteilen; wir reagieren auf das visuelle Signal auf dem Tageslichtschreiber (Folien mit Körperteilen); wir variieren die Bewegungsformen und lesen dabei unsere Namen.

**3. Vorstellen der Arbeits- und Spielangebote**

— die Gruppen sich nach Neigung finden lassen

— sich für ein Thema frei entscheiden lassen

— Absprachen über den Ablauf und den Zeitrahmen treffen

— Material zur Verfügung stellen

— Absprachen über die Raumaufteilung treffen

## 4. Problemstellung

Wir verstecken uns hinter Klängen, Farben, Masken und Kostümen und versuchen, unsere Gefühle deutlich darzustellen.

### Problemlösung

| Musikraum | Flurraum | Klassenraum | Turnhalle |
|---|---|---|---|
| Instrumente | Masken | Farben | Kleidung |
| Zorn, Ärger, Wut, Haß durch Klänge ausdrücken | vorgegebene Masken interpretieren, eine Pantomime eine Geschichte spielen | Angst, Trauer, Schmerz mit Farben nachempfinden, gestalten | Freude, Spaß, Fröhlichkeit darstellen, mit Kostümen in einer Geschichte spielen |

## 5. Veröffentlichung

- Die Arbeits- und Spielergebnisse den anderen zugänglich machen.
- Von der Kleingruppenarbeit zur Großgruppe zurückfinden.
- Sich für die Ergebnisse der anderen Gruppen interessieren, Anteil nehmen.

## 6. Gesprächskreis, Auswertung

Versuch der stillen oder ausgesprochenen Reflexion mit den Aspekten:

eigene Gefühle, Ablauf, Erfolge, Probleme, Kontakte, Erkenntnisse. Spontaneität ist wichtig — ohne Lenkung.

## 4.3. Skizzierte Stundenbilder aus Schule und Ambulanz

Zur besseren Darstellung der Praxis möchte ich im folgenden Teil zusätzlich dokumentierende Fotos in den Text integrieren.

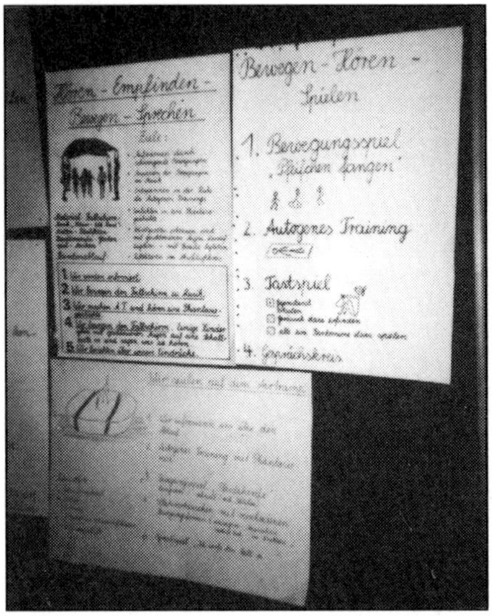


*Abb. 2: Wandzeitung im Schulflur*

### 4.3.1. Hören — Empfinden — Bewegen — Sprechen

**UF: Sonderpädagogische Strukturierung**

**Beispiel 1:**

| | |
|---|---|
| auditives Leitziel | Richtungshören, Schallquellen erkennen |
| motorisches Leitziel | Verbesserung der Auge-Hand-Koordination |
| sprachliches Leitziel | sprachliche Begleitung des Handelns, Richtungen benennen |
| Material | Fallschirm, Instrumente |

Das Informationsplakat nennt für die teilnehmenden Kinder als Ziel:
- aufwärmen durch schwingende Bewegungen zur Musik
- anpassen der Bewegung an Musik
- sich entspannen in der Ruhe des Autogenen Trainings
- sich einfühlen in eine Phantasiegeschichte

— Schallquellen erkennen, auf Schallquellen mit geschlossenen Augen zugehen

— Schallquellen identifizieren und benennen

— im Abschlußkreis reflektieren

Die angebotenen Spieleinheiten fördern am hochgradig motivierenden Material Fallschirm die auditive Aufmerksamkeit, die kurzfristige Konzentration, das Richtungshören und sicher auch die Figur-Grund-Unterscheidung.

Die Komplexität der Anforderung wird abgefangen durch die kurzfristig wechselnden Teilschritte.

a) Wir werden informiert.

b) Wir bewegen den Fallschirm zu Musik.

c) Wir üben Autogenes Training und hören eine Phantasiegeschichte.

d) Wir bewegen den Fallschirm. Je ein Kind geht mit geschlossenen (verbundenen) Augen auf eine Schallquelle am anderen Ende des Fallschirms zu und sagt, was zu hören ist.

e) Wir berichten über unsere Eindrücke in der Stunde.
Als Material wurde ein übersichtlich gestaltetes Informationsplakat, wie ich es für jede Stunde entwerfe, benutzt, ein rot-weißer Fallschirm (hier wird die Verknüpfung mit visueller Förderung sichtbar), ein Kassettenrecorder und die Aufnahme „silk-road" von KITARO, bekannte Kleininstrumente wie Glockenspiel, Blockflöte, Handtrommel, Xylophon, Schellenkranz, eine Maske zum Verbinden der Augen.

*Abb. 3: Wir werden informiert*

*Abb. 4: Wir bewegen den Fallschirm zu Musik*

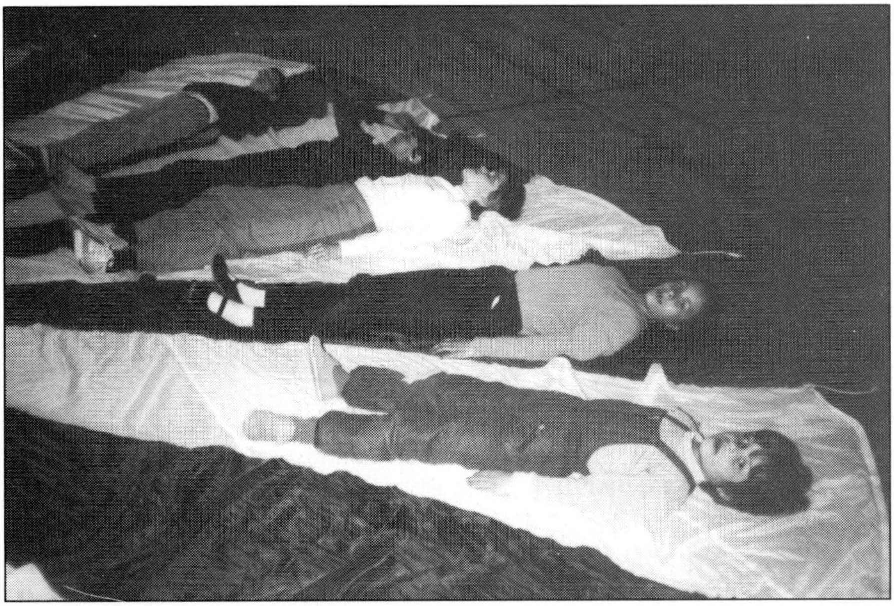

*Abb. 5: Wir üben Autogenes Training*

*Abb. 6: Mark sucht eine Schallquelle*

### 4.3.2. Bewegen — Hören — Spielen

| UF: Sonderpädagogische Strukturierung | |
|---|---|
| **Beispiel 2:** | |
| auditives Leitziel | Schallquelle erkennen, Imitation durch Stimme |
| motorisches Leitziel | Geschicklichkeit, Beweglichkeit, taktile Erfahrungen |
| sprachliches Leitziel | Beschreiben der Tastqualität, Eigenschaften benennen |
| Material | Haushaltsgegenstände, Trillerpfeifen, Sicherheitsnadel |

Im Mittelpunkt dieser Stunde sollen Geräusche und kindliche Handlung aufeinander bezogen werden (siehe Abb. 2).

a) Am Anfang steht wieder ein großräumiges Aufwärmspiel, das „Pfeifchenfangen":
Am Rücken eines Mitspielers wird eine Trillerpfeife befestigt, die ein Fänger lokalisieren und finden muß. Durch schnelle Raumveränderung und Deckung der Mitspieler wird das Spiel sehr anspruchsvoll und schnell. Wenn das Pfeifchen gefangen ist, steht mit dem Ertappten der

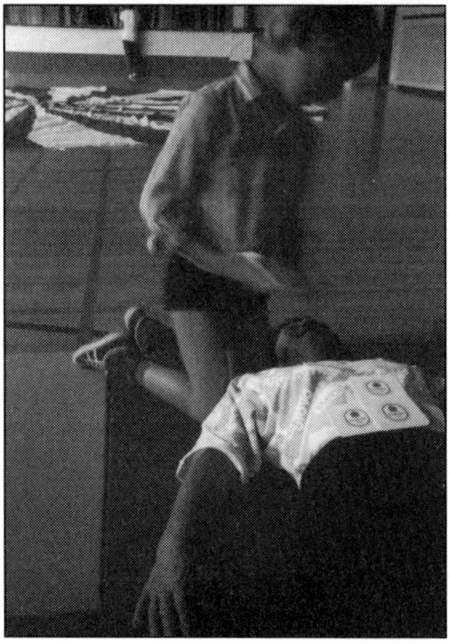

*Abb. 7: Entspannungsübung mit Bierdeckeln und Musik*

nächste Fänger fest, es ist ein Spiel ohne Sieger und Verlierer und kann durch Einsetzen mehrerer Trillerpfeifchen zusätzlich variiert werden.

b) Als nächster Schritt wird ein Autogenes Training angeboten. Ich halte eine Rhythmisierung der Zeit durch dynamische Spannungsabfuhr in der Aufwärmphase, konzentrative Entspannung und wieder folgendem dynamischem Handlungsvollzug für methodisch notwendig, um der Aufmerksamkeitsspanne der Kinder zu entsprechen.

Es gibt verschiedene Möglichkeiten konzentrativer Entspannung; am Anfang meiner Arbeit mit Kindern und Eltern steht zunächst immer ein konventionelles Autogenes Training, um die Möglichkeiten der Selbstregulation erfahrbar werden zu lassen und auf die Möglichkeit der Manipulation aufmerksam zu machen. Erst zu einem späteren Zeitpunkt werden Entspannungsformen mit Materialeinsatz oder Phantasiereisen eingeführt.

*Abb. 8: Entspannungsübungen mit Massage- oder Tennisbällen*

c) Im Mittelpunkt der Förderstunde steht die modale Erfahrungserweiterung durch tasten *und* hören, gleichzeitig aber ist die Möglichkeit gegeben, die intermodale Verknüpfung von taktilen und auditiven Erfahrungen zu leisten:

Gegenstände aus dem Küchenbereich (alternativ sind Materialien wie Spielzeug, Handwerkszeug u.ä. denkbar) sollen genau betastet und in

ihrer Tastqualität beschrieben werden. Andere Gruppenmitglieder erfinden die entsprechenden Geräusche zu jedem Gegenstand.
So ist in jedem Augenblick die Möglichkeit zur Interaktion zwischen handelndem Subjekt und Gruppe gegeben.

*Abb. 9: Umsetzen einer Geräuschkarte in Handlung*

Sind alle Gegenstände ertastet (z.B. Schneebesen, Handmixer, ein Ei, Zeitschaltuhr, Teller, Messer und Gabel), erfindet die Gruppe in gemeinsamer Absprache eine Geschichte, in der die ertasteten Gegenstände und Geräusche eine Rolle spielen. Ergebnis dieser Gruppenarbeit ist folgende „Herr-Fröhlich-Geschichte" (Herr Fröhlich begleitet uns durch viele in Unterricht und Therapie entstandene Geschichten):

Herr Fröhlich ist sehr hungrig.

Er durchsucht seinen Kühlschrank und findet nur noch ein Ei.

— **Klatsch,** schlägt er es am Tellerrand auf.
— **Pitsch, pitsch, pitsch, pitsch, pitsch** versucht er, mit dem Schneebesen das Ei zu schlagen.
  Da hat er eine bessere Idee . . .
— Sssssssss, mit dem Handmixer geht es leichter und schneller.
— **Schwupp,** in der Pfanne wird aus dem Ei ein Rührei. Jetzt braucht Herr Fröhlich nur noch Messer und Gabel, um zu essen. Hm, lecker!

d) Im Abschlußkreis verbalisieren die Kinder Eindrücke aus der Stunde.

### 4.3.3. Fahren — Hören — Sprechen

| UF: Sonderpädagogische Strukturierung und Zirkel | |
|---|---|
| **Beispiel 3:** | |
| auditives Leitziel | mit Geräuschquellen experimentieren, unterschiedliche Quellen differenzieren |
| motorisches Leitziel | Geschicklichkeit (Rollbrettfahren), vestibuläre Stimulation, auditive Signale in Bewegungshandlung umsetzen |
| sprachliches Leitziel | Handlungsstrategien absprechen, Wortschatzerweiterung, Geräusche benennen |
| Material | Rollbretter, Wäscheklammern, Kleininstrumente, Dosen mit unterschiedlicher Füllung, Lernspiele zur auditiven Wahrnehmungsförderung |

An diesem Beispiel soll gezeigt werden, wie durch die Verbindung psychomotorischer Materialien, hier z.B. ist es das Rollbrett, und auditiver Aufgabenstellung die Motivation der Kinder im Bereich auditiver Wahrnehmungsförderung angesprochen werden kann.

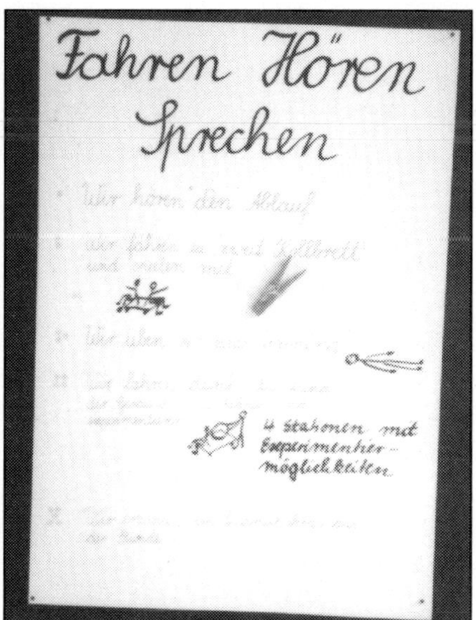


*Abb. 10: Informationsplakat Fahren – Hören – Sprechen*

a) Zur Spannungsabfuhr und zum Aufwärmen wird ein Fangspiel auf Rollbrettern durchgeführt: Zwei Spielpartner erhalten ein Rollbrett und zehn Wäscheklammern. Die Wäscheklammern werden an der Kleidung angeheftet, dann beginnt ein spannendes Fangspiel. Die Spieler versuchen, möglichst wenig eigene Klammern auf der Fahrt zu verlieren und möglichst viele fremde Klammern zu erobern. — Dieses Spiel ist erst dann möglich, wenn bei den Kindern bereits genügend Frustrationstoleranz vorhanden ist. Anfangs kann es als Klammern-Ansteck-Spiel eingeführt werden.

*Abb. 11: Wäscheklammernfangen*

b) Im Autogenen Training wird die körperliche Erhitzung und Atemlosigkeit des Bewegungsspiels zurückgeführt in Ruhe und bewußte Atmung.

Ich liege jetzt ganz ruhig; meine Augen sind geschlossen.
Es gibt eine Zeit für Spiel und Bewegung, die war vorhin,
und eine Zeit für Ruhe und Entspannung, die ist jetzt.

Mein rechter Fuß liegt ruhig und still.
Mein linker Fuß liegt ruhig und still.
Mein rechtes Bein liegt ruhig und still.
Mein linkes Bein liegt ruhig und still.
Meine rechte Hand (linke Hand, rechter Arm, linker Arm, mein Rumpf, mein Kopf) liegt ruhig und still.
Ich bin ganz locker, ganz entspannt.
Alles, was mich stören könnte, bleibt draußen vor der Tür.
Hier und jetzt bin ich locker, ruhig und entspannt.

Mein rechter Fuß ist locker und entspannt.
Mein linker Fuß ist locker und entspannt.
Mein rechtes Bein (linkes Bein, meine rechte Hand, meine linke Hand, mein rechter Arm, linker Arm, Bauch, Gesäß, Brust, Rücken) ist locker und entspannt.

Ich bin schwer, schwer und warm.
Mein rechter Fuß (wieder alle Körperteile aufsteigend benennen) ist schwer, schwer und warm.

Mein Atem geht tief und gleichmäßig ein und aus . . . im eigenen Rhythmus,
mein Atem kommt und geht, gleichmäßig, regelmäßig,
mein Atem vertieft meine Ruhe.

Mein Herz klopft kräftig, regelmäßig, gleichmäßig. Ich bin gut versorgt.
Hier und jetzt bin ich ganz locker, ruhig und entspannt.

Das Zurücknehmen geschieht über die Aufforderung zum Dehnen und Recken, Öffnen der Augen, kräftiges Schütteln der oberen und unteren Extremitäten (zum Autogenen Training siehe BIERMANN, 1975).

Jetzt sind die Kinder aufmerksam und bereit für sich anschließende spezifische Aufgabenstellungen.

c) Wir fahren mit dem Rollbrett durch das Land der Geräusche und Klänge und experimentieren an vier Stationen mit Experimentiermöglichkeiten.

*Abb. 12 und 13: Stationen zum genauen Hören. Was ist in der Dose?*

*Abb. 14 und 15: Frage- und Antwortspiel mit Instrumenten*

*Abb. 16 und 17: Geräuschekarten werden in Handlung umgesetzt*

**Station 1:** Verschiedene Dosen sind mit unterschiedlichem Inhalt gefüllt, der Inhalt soll erraten und benannt werden. Bei Schwierigkeiten können die Kinder den Inhalt durch Öffnen der Dosen überprüfen (z.B. Reis, Nägel, Stecknadeln, Linsen, Legosteine . . .).

**Station 2:** Zwischen Xylophon und Metallophon kann ein Frage- und Antwortspiel improvisiert werden. Die Kinder erfinden ihre eigenen Spielregeln.

**Station 3:** Die Bildkarten des Spiels „Hör – was ist das?" (Otto Maier Verlag Ravensburg) werden als Vorlage für das Umsetzen von Geräuschquellen in Spielhandlung benutzt.

Hier ist eine auditive Aufgabenstellung Anlaß für den Beginn des Zuhören-Könnens, für aufmerksam werden, Beziehung zulassen von Kindern, die wegen ihrer Kommunikationsprobleme förderbedürftig wurden.

*Abb. 18: Direkte Kommunikation fördert Beziehung*

Meine Aufgabe als Pädagogin ist mit der Vorbereitung und Strukturierung der Stunde teilweise erfüllt; während der Förderstunde agieren die Kinder frei und unabhängig, selbständig.

Ich werde frei für Beobachtung, vorsichtiges Eingreifen, wenn Unterstützung notwendig wird, frei aber auch für eigenständige Beteiligung im Spiel, die eine wesentliche Grundvoraussetzung für das Freisetzen der kindlichen Kreativität und Aktivität ist. Wenn Kinder in der institutionellen Erziehung wahrnehmen können, daß nicht nur sie allein die handelnden Subjekte sind und damit zum Objekt gemacht werden, sondern daß die verantwortliche Bezugsperson gleichzeitig handelndes Subjekt ist, dann wird das ungleiche Machtverhältnis zwischen Kindern und Erwachsenen zumindest im Bereich der Förderung aufgehoben, gemeinsames Wachstum kann zugelassen werden.

**Station 4:** Eine Schallplatte gibt unterschiedliche Alltagsgeräusche wieder.

Die Kinder versuchen, die Geräusche zu erraten und zu benennen. Entsprechende Bildkarten können einer vorgegebenen Situation zugeordnet werden.

*Abb. 19: Geräuschquellen erraten*

e) Im abschließenden Gesprächskreis tragen die Kinder ihre Erfahrungen und Erlebnisse zusammen.

### 4.3.4. Papier macht auch Geräusche

| UF: Sonderpädagogische Strukturierung | |
|---|---|
| **Beispiel 4:** | |
| auditives Leitziel | Geräusche erzeugen, speichern, wiedererkennen |
| motorisches Leitziel | feinmotorische Förderung |
| sprachliches Leitziel | Begriffsbildung, begleitendes Sprechen (Verben finden) |
| Material | ein Stapel Zeitungen und Illustrierte, Scheren und Klebstoff, Kassettenrecorder, Kassette |

Das Informationsplakat zu dieser Stunde ist so aussagekräftig, daß eine ausführliche verbale Beschreibung überflüssig wird.

Medium dieser Stunde ist ein Stapel Zeitungspapier. Auf Zeitungsbögen spielen wir zunächst ein Fangspiel, mit Zeitungen decken wir uns während der Entspannungsphase zu ruhig begleitender Musik zu, mit Zeitungspapier erfinden wir Geräusche durch reißen, falten, schneiden, knittern, knüllen usw.

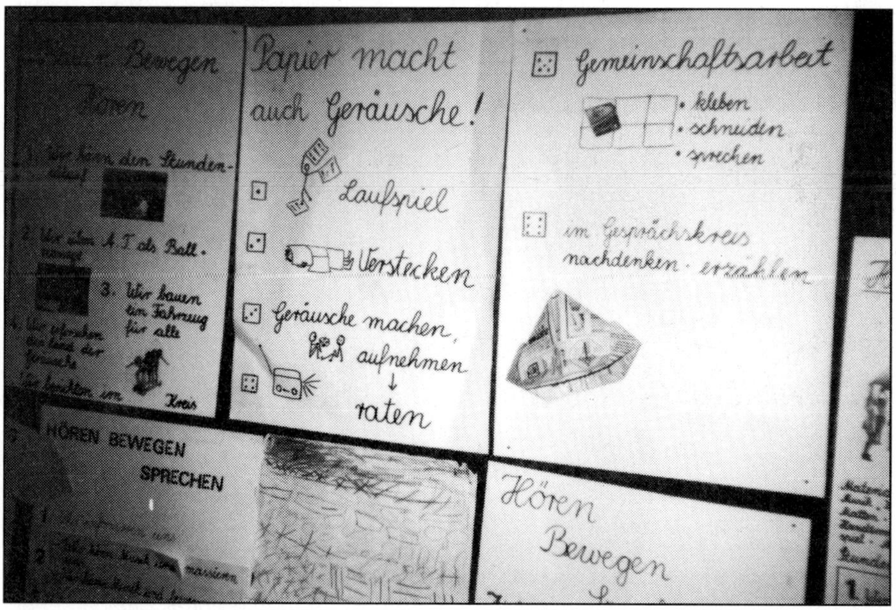


*Abb. 20: Wandzeitung auf dem Flur*

Wir nehmen die Geräusche auf Kassette auf, um sie im nächsten Schritt erneut zu identifizieren.

Zum Schluß entsteht eine Gemeinschaftsklebearbeit, zu der jeder erzählt, warum er seinen Beitrag, sein Bild gewählt hat.

In einer Gruppe wird diese Aufgabe umfunktioniert und ein großes Schwungtuch aus Zeitungspapier geklebt, das uns zum Schluß noch einmal im gemeinsamen Spiel verbindet.

Wir haben außergewöhnlich viel Spaß mit geringstem Materialaufwand und eine einfache Möglichkeit intensiven Wahrnehmens erfahren.

### 4.3.5. Bauen — Bewegen — Hören

| UF: Konstruktionseinheit und Zirkel | |
|---|---|
| **Beispiel 5:** | |
| auditives Leitziel | Schallquellen erkennen und unterscheiden |
| motorisches Leitziel | konstruieren und fahren, Geschicklichkeit, Feinmotorik |
| sprachliches Leitziel | verbale Kooperation, Problemlösungsstrategien, Antizipation, Material freigestellt, auditiver Bereich wie Beispiel 3 |

*Abb. 21: Informierender Einstieg in der Förderstunde*

In der Frühförderung der Arbeit in der Sprachambulanz wurde das Materialangebot des bereits beschriebenen dritten Beispiels in einen anderen Zusammenhang gebracht.

a) Die Information über den Stundenablauf am Informationsplakat gibt den Teilnehmern die Übersicht über Planung und Ziele. Sie können sich dazu zustimmend oder ablehnend äußern. Die Information hilft, Strukturen zu bilden, Zeitabläufe zu rhythmisieren, schützt aber auch vor Manipulation durch Pädagogen und Therapeuten.

   Das an der Info-Wand hängende Plakat wird von den Kindern während der Stunden häufig als Orientierungshilfe verwendet.

b) Wir entspannen uns durch eine Ballmassage. Die Entspannung wird vertieft durch begleitende Musik.

*Abb. 22: Entspannungsphase*

Neben den bekannten Meditationsaufnahmen DEUTERS, KITAROS oder VOLLENWEIDES setze ich sehr gern klassische Musikkonserven ein; Barockmusik bildet einen intensiv entspannenden Hintergrund für Phantasiereisen, Massagespiele mit Material, Behutsamkeitsübungen.

Mit Hilfe des Mediums „Ball“ wird Kontakt hergestellt zwischen Mutter und Kind, Kind und Mutter, Therapeutin und Kind, Kind und Kind.

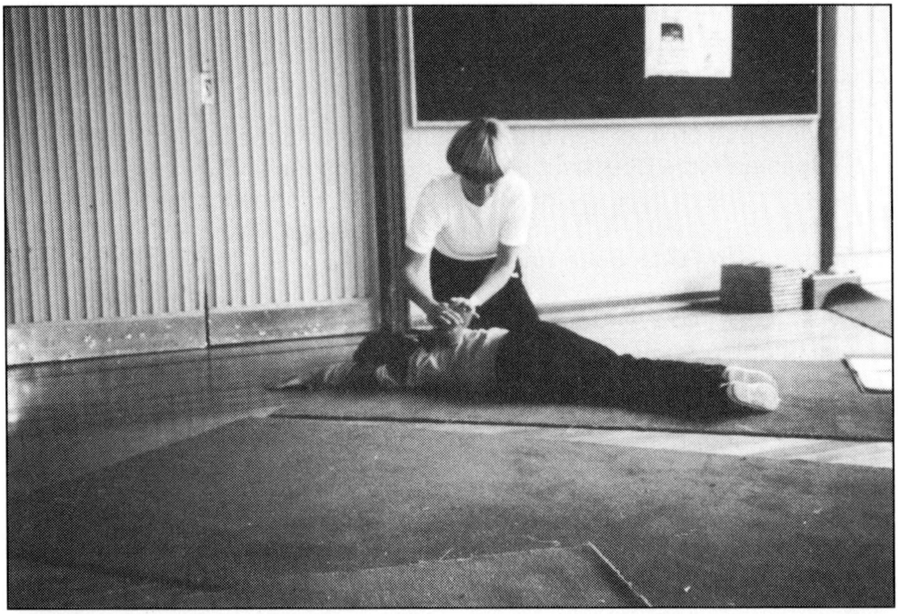

*Abb. 23: Entspannungsphase*

*Abb. 24: Kontakt, Nähe und Zuwendung bilden den Nährboden für eine veränderte Kommunikation, die Wachstum ermöglicht*

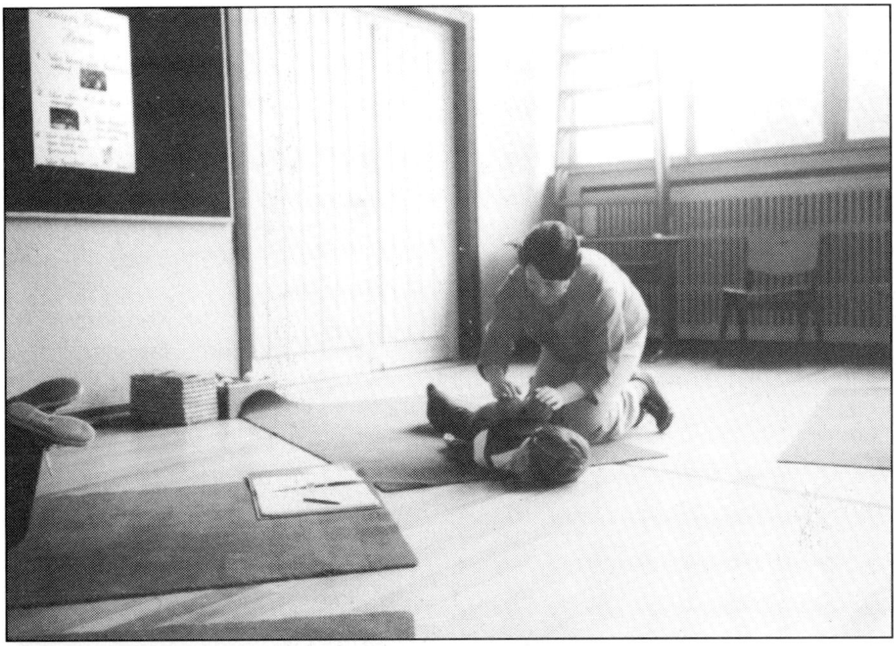

*Abb. 25: Entspannungsphase*

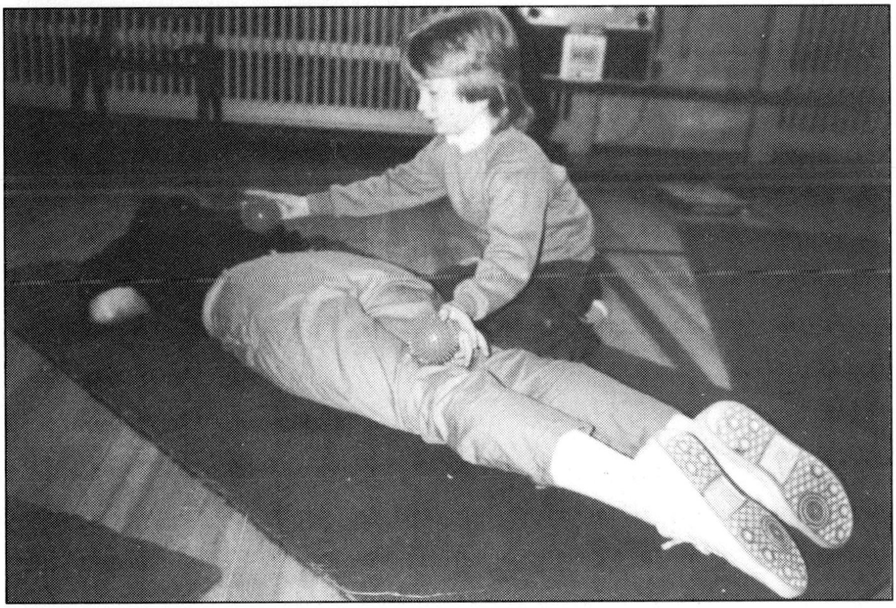

*Abb. 26: Entspannungsphase*

c) Wir bauen ein Fahrzeug für unsere Fahrt durch das Land der Geräusche. Wir lernen in der Gemeinschaft und für die Gemeinschaft; hier liegt eine wesentliche Begründung für das Durchführen von Sprachtherapie im Gruppenkontakt.

Kinder mit Entwicklungsproblemen im sensorischen, motorischen und sprachlichen Bereich, die einer speziellen Förderung bedürfen, werden in ihrer Altersgruppe häufig isoliert. Die Eltern berichten entweder von völligem Rückzug oder von aggressiver Problembewältigung.

Kurzfristig zu lösende Konstruktionsaufgaben bauen die Kooperationsmöglichkeiten und auch die Kooperationsbereitschaft langsam auf, jeder Teilnehmer entscheidet selbst, wie weit er bereit ist, sich einzubringen.

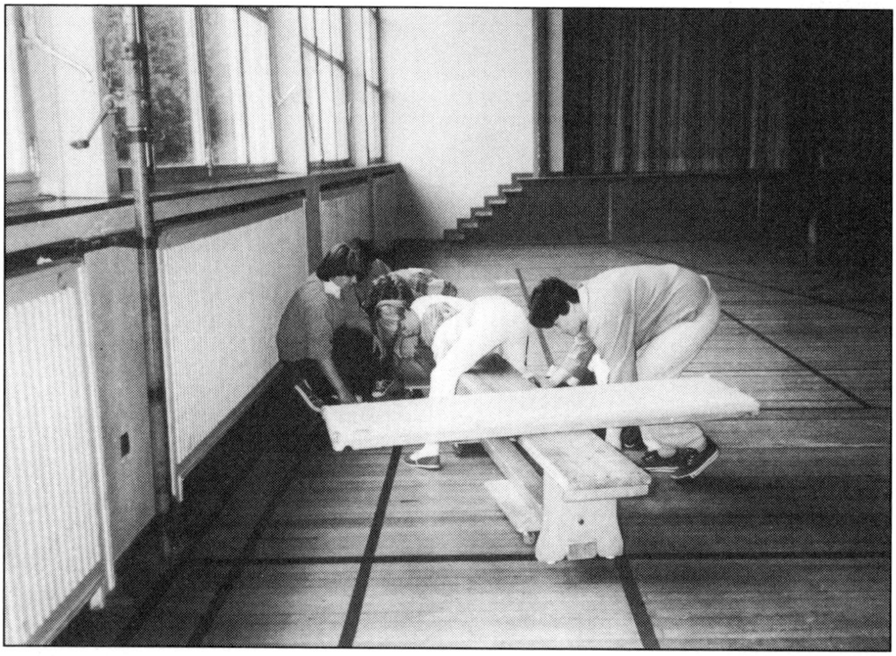

*Abb. 27: Ein Gruppenfahrzeug entsteht*

Abb. 28: Ohne vorgegebenes Material entstehen unterschiedliche Arbeitsergebnisse

Abb. 29: Ohne sprachliche Kontakte kann kein Gruppenprodukt entstehen

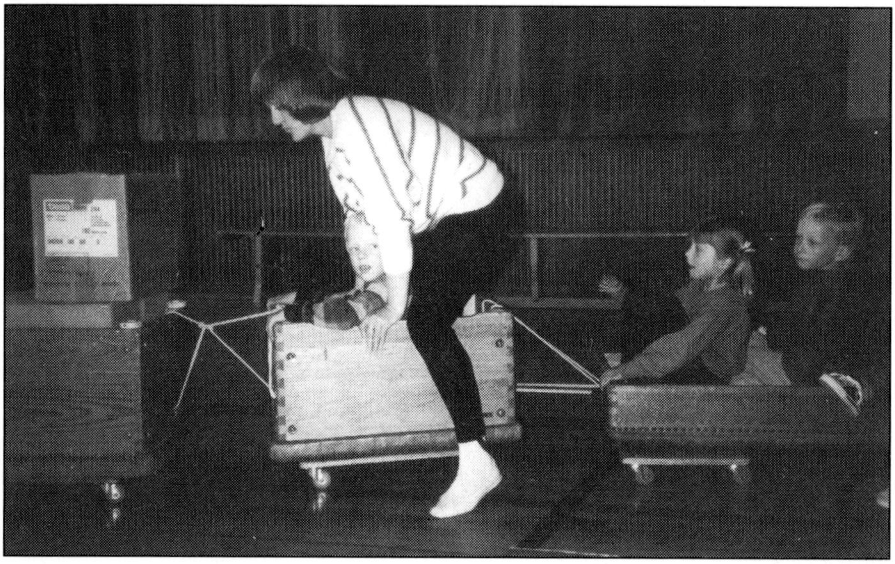

*Abb. 30: Der Zug geht auf die Reise*

Unser Spaß bei der Reise durch das Land der Geräusche ist deutlich. Spaß haben sollte oberstes Leitziel psychomotorischer Förderarbeit sein.

*Abb. 31: Die beim psychomotorischen Spiel entwickelte Freude ist ein weiterer wichtiger Nährboden für Wachstum*

Abb. 32: *Was ist da zu hören?*

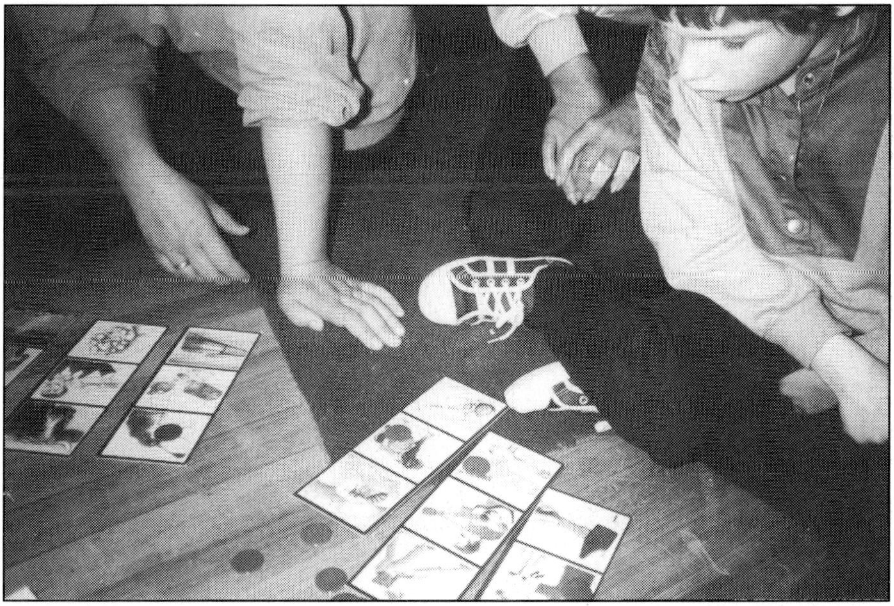

*Abb. 33: Genaues Sehen und Hören*

## 4.3.6. Wir bauen eine Stadt im Meer

| UF: Projekttag Konstruktionseinheit | |
|---|---|
| **Beispiel 6:** | |
| auditives Leitziel | innere Klänge und Phantasien sichtbar, hörbar machen |
| motorisches Leitziel | Handlungsstrategien entwickeln, Geschicklichkeit im Umgang mit Material |
| sprachliches Leitziel | Konzeption über Sprache entwickeln, sprachliche Kooperationsformen finden, sprachliche Reflexivität anbahnen |
| Material | freigestellt |

*Abb. 34: Wandzeitung im Flur „Wir bauen eine Stadt im Meer"*

a) Die Einstimmung in dieses Thema erfolgt über eine Phantasiereise, die speziell für diese Teilnehmer erfunden wird.

Vor Beginn einer Phantasiereise ist für eine entspannte, lockere Lagerung der Teilnehmer Sorge zu tragen, eventuell durch ein vorgeschaltetes Autogenes Training. Zur musikalischen Untermalung dieser Reise dient die Aufnahme „oxygene“ von PINK-FLOYD, die den menschlichen Atemrhythmus sehr gut aufnimmt und vertieft.

Die Phantasiereise ist ein gestalttherapeutisches Mittel, um unbewußtes Material zu aktivieren, es an die Oberfläche des Bewußtseins treten zu lassen und es bei Bedarf in der therapeutischen Situation zu bearbeiten (OAKLANDER, 1984; BAROW; QUITMANN; RUBEAU, 1987). Ein Beispiel für eine gestalttherapeutische Bearbeitung folgt in einem späteren Abschnitt.

Auch psychomotorische Interventionen provozieren psychisches Material, so daß der Psychomotoriker gezwungen ist, zur vertiefenden Bearbeitung psychotherapeutisch fundierte Methoden zu erlernen. Nach meinen Erfahrungen ist die Vorgehensweise der rein äußerlichen, spielerischen Bearbeitung bei jüngeren Kindern zunächst ausreichend.

Krisensituationen, seelische Verletzungen und nicht verarbeitete Erlebnisse bedürfen bei heranwachsenden Kindern jedoch der fachlichen Intervention, wenn Wachstumsblockaden abgebaut werden sollen.

**Wir bauen eine Stadt im Meer (Phantasiereise)**

Blaue Weite ohne Ende
Land der Phantasie und Träume
Wind und Meer
Geräusch und Klang und Farbe
Hohe Türme ragen, leuchten
Schlafhaus, Gasthaus, Theater, Hafen, Aquarium
Lebewesen, fremdartig, bizarr
bevölkern sie
fünf Stämme
ein Volk von Schülern und Studenten
voller Phantasie und Freude.

Mit diesem Beispiel möchte ich zwei wichtige Aspekte der Förderarbeit aufzeigen:

— Durch eine gelenkte Phantasiereise wird im Bewegungsraum der Turnhalle sehr viel Kreativität freigesetzt, die sich in gemeinsamer Planung, Durchführung und Reflexion ausdrückt.

— Ein solches einmaliges Vorhaben kann aber auch eingebettet werden in den allgemeinen Unterricht. Wir drehen über den Ablauf und die einzelnen Phasen des Projekttages einen Videofilm, den wir im Sprach-, Kunst- und Musikunterricht auswerten (leider ist dieser sehr ausdrucksstarke Film bei Studenten der Universität Köln verschollen).

b) Die Phasen handelnden Unterrichts (MEYER, 1980; FRIEDRICHS/MEYER/PILZ, 1982; GUDJOHN, 1980) können im bewegungsorientierten Förderunterricht an zweckfreiem Spielmaterial erkannt und eingeübt werden:
   - Einstimmung in ein Thema
   - Planung in der Gruppe
   - Versorgen mit Material
   - Durchführen des Projekts
   - Veröffentlichen in der Großgruppe
   - Reflexion und Auswertung

Während der einzelnen Phasen herrscht größtmögliche Autonomie, Freiheit von Kontrolle durch den Erwachsenen. Meine Entwicklungsziele wie Selbständigkeit, Kooperationsbereitschaft, Erwerb von Problemlösungsstrategien werden auch über einen längeren Zeitraum voll verwirklicht. Als Erzieherin halte ich mich bereit für Krisenintervention, direkte Arbeit mit einzelnen Kindern oder einer Gruppe mit kurzfristig auftauchenden Problemen, entwickelnd, fragend, fördernd.

Die Arbeitsergebnisse der „fünf Stämme von Schülern und Studenten" sind besonders farbig und schillernd:

— Das Schlafhaus entstand aus dem Trampolin und Matten, abgeschirmt durch unseren großen weißen Fallschirm. Frank kam auf die Idee, Bälle für eine entspannende Ballmassage bereitzulegen, die sehr in Anspruch genommen wurden.

— Das Aquarium wurde durch große blaue Matten abgeteilt. Die Gruppe bemalte sich die Gesichter farbig, schmückte die Köpfe mit bunten Luftballons und verwandelte sich in Fische.
Für die so veränderten Lebewesen des Aquariums entwickelten die Teilnehmer einen Tanz mit Rhythmusinstrumenten.

— Auch das Gasthaus entstand durch die Verwendung eines weiteren Fallschirms, der durch angeheftete bemalte Folienbahnen eine Unterwasserillusion aufkommen ließ. Es wurde eine nautische Speisekarte entwickelt und gemalt, geschrieben und eine Frühlingssuppe zur Seemannssuppe umfunktioniert.

— Der Hafen bekam echten Wind durch den Einsatz des Luftkissen-Gebläses, als Schiffe dienten kreativ verfremdete Rollbretter.

— Im Zentrum des Theaters trafen sich in der Endphase alle Stämme, um die erarbeiteten Darbietungen der Stämme vorzuführen, bei denen in allen Gruppen ohne Absprachen oder Vorgaben Rhythmusinstrumente und Tänze eine große Rolle spielten.

c) Der während des Projekts gedrehte Videofilm wurde später im Deutschunterricht in verschiedenen Leistungsdifferenzierungen ausgewertet:

**Lernstufe 3:** Tätigkeiten als Zentrum des Satzes kennenlernen

Im Film unsere Tätigkeiten erkennen,
die Tätigkeitswörter im Wortschatz aufsuchen,
Wortkarten herstellen und an die Wandzeitung heften.

**Lernstufe 4:** Tätigkeiten als Zentrum des Satzes bestimmen

Im Film unsere Tätigkeiten erkennen,
ein Protokoll der Tätigkeiten auf Satzstreifen schreiben und an die Wandzeitung heften.

**Lernstufe 5:** Ein Protokoll gibt einen Ablauf schriftlich wieder

Mit Hilfe eigener Erinnerungen und des Films den Ablauf des Projekts in Kurzform wiedergeben.

*Abb. 35: Wandzeitung im Flur „Wir bauen eine Stadt im Meer"*

Alle Teilergebnisse werden nach Bearbeitung in die Wandzeitung auf dem Schulflur eingefügt und damit einer Teilöffentlichkeit zugänglich gemacht.

Im Kunstunterricht entstehen in der Folge Modelle aus der Arbeit in der Halle, im Musikunterricht thematisieren wir intensiv Geräusche vom Meer mit Hilfe einer Schallplatte und des Orff-Instrumentariums.

Ähnlich gestaltete Projekte können zu folgenden Themen durchgeführt werden:

Wir bauen einen Zoo
Zu Besuch im Zirkus Fröhlich
Spaziergang durch ein Bilderbuch
Wir erforschen das Weltall
Wir wandern durch das Rechts-Links-Land
Wir erfinden Rundonien

*Abb. 36: Wandzeitung im Flur „Wir erfinden Rundonien"*

### 4.3.7. Wir erforschen das Spielzeugland

| UF: Sprachtherapeutischer Zirkel | |
|---|---|
| **Beispiel 7:** | |
| auditives Leitziel | auditive Differenzierung der Laute „f“ und „sch“ im An- und Auslaut |
| motorisches Leitziel | Verbesserung der Gleichgewichtserhaltung und der Koordination |
| sprachtherapeutisches Leitziel | Anbahnen und Modellieren der Laute „f“ und „sch“ bei zwei von vier Kindern der Gruppe |
| Material | Puppenstube mit Möbeln und Puppen, Handpuppen, ein Wasserbecken, Wandtafeln mit Sommerszenen, Watte und Reifen, Trampolin, Werscherberger Mappe, Tennisbälle, großer Spiegel und Tierkapuzen |

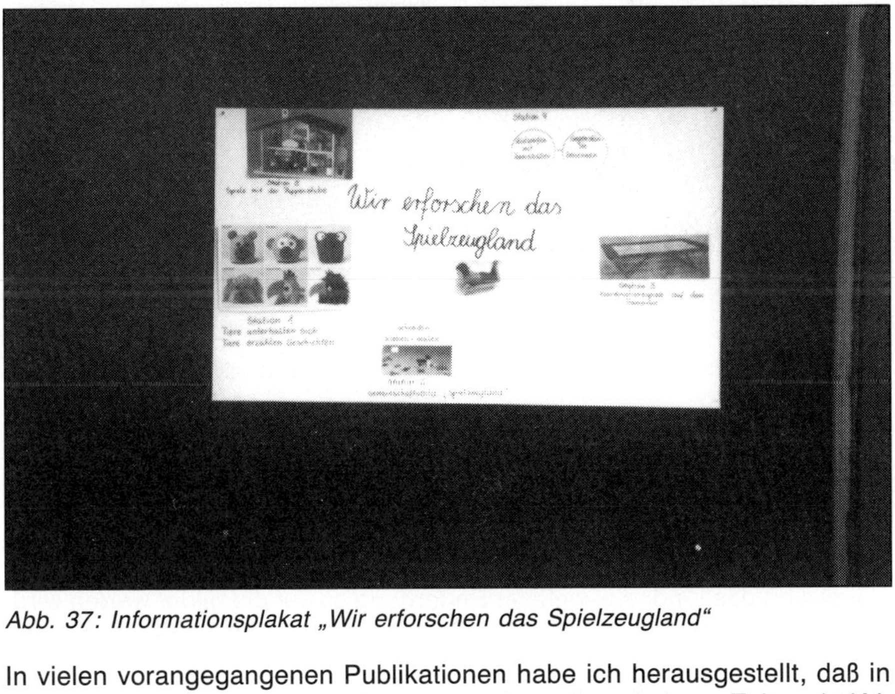


*Abb. 37: Informationsplakat „Wir erforschen das Spielzeugland“*

In vielen vorangegangenen Publikationen habe ich herausgestellt, daß in der *Integrierten Sprach- und Bewegungstherapie* zu keinem Zeitpunkt Kritik am Sprachverhalten sprachbehinderter Kinder geübt wird (OLBRICH,

1978, 1983, 1985, 1986, 1987a, 1987b, 1988). Diese Kritikfreiheit impliziert aber nicht, daß in der ganzheitlich sprachfördernden Arbeit nicht doch Übungssequenzen eingebettet sein können, die zum genaueren lautlichen Differenzieren führen und auch Übungen zum Einschleifen von Lauten enthalten.

Eine motivierende Abfolge übender Spiele mit hohem Aufforderungscharakter ist in diesem Beispiel zusammengestellt.

*Abb. 38: Sprachtherapeutischer Zirkel*

*Abb. 39: „Ich werfe auf die Flasche“*

Als Restsymptomatik einer gravierenden multiplen Dyslalie kann Christian in der Spontansprache bei Alltagssituationen kein „f“ lautieren. Bei diesem Spiel gelingt jeder Versuch.

Die Werscherberger Übungsblätter hängen an der Wand, mit einem Reifen signalisiert das Kind, aus welcher Entfernung es auf die Bilder werfen wird. Bälle sind in unterschiedlicher Größe und materieller Beschaffenheit angeboten.

„Ich werfe auf die Flasche.“
„Ich werfe auf den Fisch.“. . .

Die Anwesenheit der Mutter in der Therapie erhöht den Reiz und die Effektivität der sprachfördernden Arbeit, denn bei diesen Übungen schwindet der Lernvorsprung der Erwachsenen rasch, Eltern und Kinder sind bei den Spielen gleichberechtigte Partner und nehmen mit gleicher Freude daran teil.

*Abb. 40: Von Station zu Station fahren macht Spaß*

Von Station zu Station unserer entwicklungsfördernden Arbeit bewegen sich die Teilnehmer mit Rollbrett oder Pedalo. Das stärkt nicht nur die Muskulatur und die Beweglichkeit, sondern macht beim Üben gleichzeitig ganz viel Spaß.

Leider können nur wenige Väter die Zeit aufbringen, ihr Kind in die Sprachtherapie zu begleiten. Ich mache dafür die gesellschaftlich immer noch geltende Arbeitsteilung und die dadurch ausgedrückte Machtstruktur verantwortlich. Nur wenige Kinder können im Alltag neben der Mutter den Vater als einen fördernden Spielpartner wahrnehmen. Gerade für Jungen mit Entwicklungsproblemen wäre die Förderung durch den Vater als Spielpartner eine große Unterstützung.

An der nächsten Station erzählen sich Bärenmama und Bärenjunges eine Geschichte. Die beiden Frösche versuchen eine Geschichte zu spielen. Im großen Spiegel können sich die Teilnehmer dabei sehen.

*Abb. 41: Bärengespräch*

*Abb. 42:*
*Die Puppenstube mit ihren Puppen, Möbeln und Tieren ist eine wichtige Station*

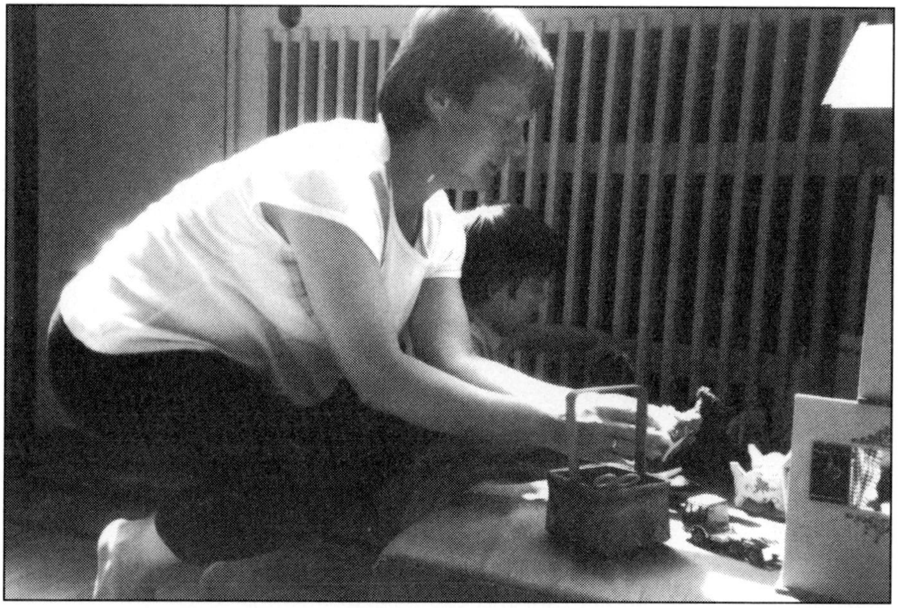

*Abb. 43: Spielszenen an der Station Puppenstube*

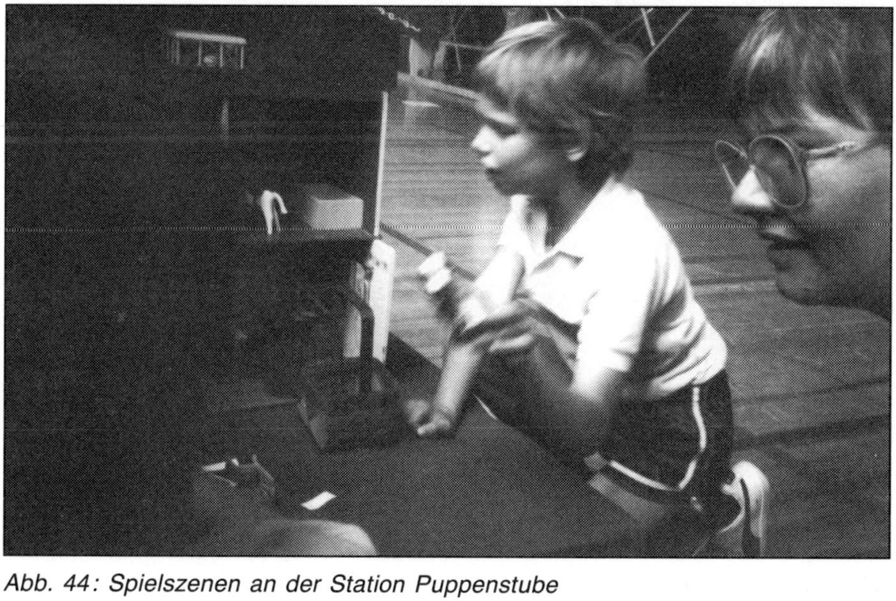

*Abb. 44: Spielszenen an der Station Puppenstube*

*Abb. 45: Spielszenen an der Station Puppenstube*

Bei Kindern aus intakten familiären Beziehungen ist die Puppenstube die spielerische Möglichkeit zur Umweltbewältigung, zum unreflektierten Umgang mit familiären Strukturen.

*Abb. 46: Konfliktbearbeitung im Spiel*

Sie schenkt aber auch dem durch eine schmerzliche Sozialisation entwicklungsgehemmten und in der Folge gravierend sprachbehinderten Jan die Möglichkeit, gemeinsam mit der ihn begleitenden Erzieherin die Vergangenheit im Spiel zu bewältigen. Hier gewinnt die sprachfördernde Funktion des Spiels seine psychotherapeutische Tiefung.

Einbezogen in den Spielzirkel ist das Trampolin, sowohl unter prozeßdiagnostischen als auch unter fördernden Gesichtspunkten.

*Abb. 47: „Noch habe ich Angst auf dem Trampolin"*

Eine sensorische Integrationsstörung oder Probleme der Gleichgewichtserhaltung sind in der Basis einer Sprachproblematik häufig auszumachen, deshalb wird hier in der *Integrierten Sprach- und Bewegungstherapie* ein deutlicher Arbeitsschwerpunkt gesetzt.

*Abb. 48: „Pferdchen an der Longe“*

*Abb. 49: „Pferdchen im Galopp“*

Die Kinder und Mütter verwandeln sich auf dem Trampolin in Tiere, ahmen ihre Bewegungsmuster nach. Damit können die Entwicklungsschritte vom Robben, Krabbeln, Rollen, zum Hüpfen, Gehen, Laufen usw. noch einmal spielerisch eingeübt werden.

Bei einer weiteren Station kann die Mundmotorik durch Watte pusten verbessert werden.

*Abb. 50: Wattepusten*

Alle Spiele verstehen sich als Angebot, als Therapeutin möchte ich, daß das Kind entscheidet, zu welchem Zeitpunkt es an welcher Station experimentiert.

Mit Wasser und realen Gegenständen kann herausgefunden werden, ob die Begriffe „Schiff" und „Fisch" sprachtherapeutische Interventionen nötig machen. In dieser strukturierten Situation ist die Unterscheidung und die lautreine Wiedergabe unproblematisch. Die Sprachtherapie kann kurze Zeit später bei diesem Kind ohne konventionell übenden Eingriff als abgeschlossen gelten.

Schneiden und Kleben sind wichtige Tätigkeiten bei der Reise durch das Spielzeugland. Aus Spielzeugkatalogen stellen die Teilnehmer ihr Lieblingsspielzeug zusammen.

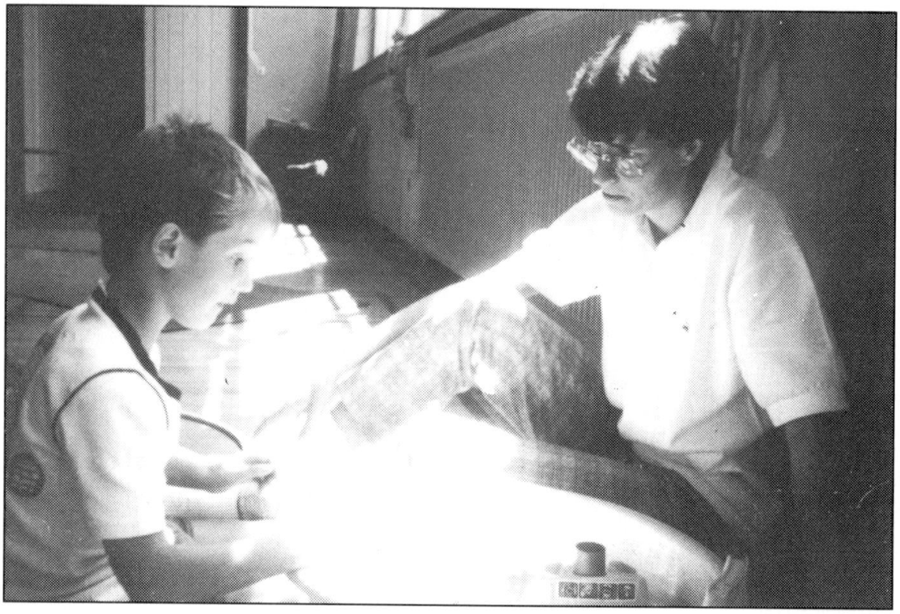

Abb. 51: Wasserspiel mit „sch“

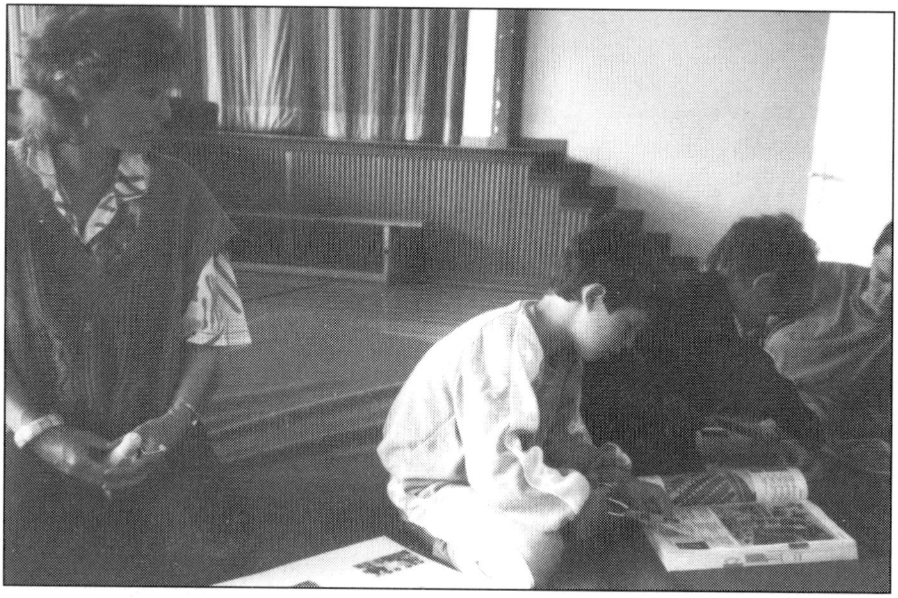

Abb. 52: Lieblingsspielzeug finden

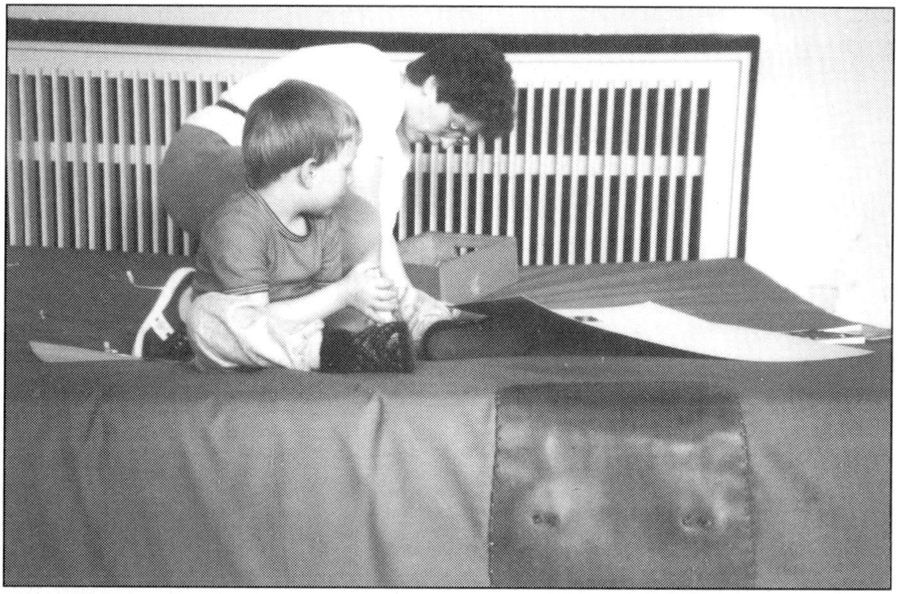

*Abb. 53: Lieblingsspielzeug finden*

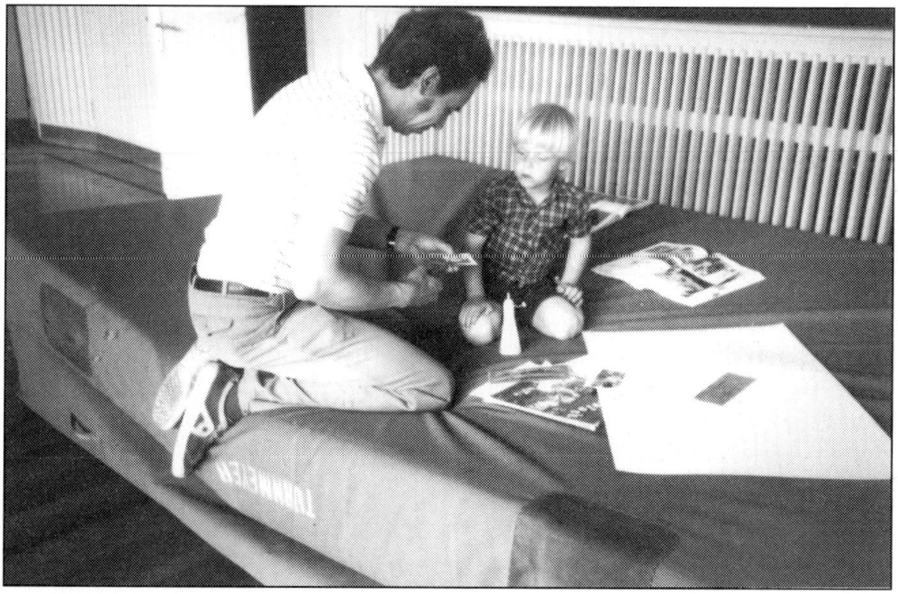

*Abb. 54: Lieblingsspielzeug finden*

Das Kind entscheidet auch hier wieder, wer in der Dyade eine Arbeit übernimmt oder zuschaut. Selbstregulation ist ein wichtiges Prinzip sprachfördernder Arbeit. Abweichend von der erzieherischen Einstellung in institutioneller Arbeit (Kindergarten, Schule) steht hier nicht das Produkt im Mittelpunkt des Handelns, sondern der Prozeß. Dennoch ist für mich jedes entstandene Produkt so wichtig, daß es seinen Platz am Ende der Stunde an der Info-Wand zur Veröffentlichung erhält.

Letzte Station im Spielzeugland ist ein Wandbild mit sommerlichen Szenen.

*Abb. 55: Visuelle Orientierung mit Handpuppen*

Es entwickelt sich ein Frage- und Antwortspiel mit Handpuppen: „Krokodil, wo springen drei Jungen in der See?“ . . . „Da springen drei Jungen in den See.“ „Krokodil, wo kannst Du ein Eis kaufen?“ . . . „Da kann ich ein Eis kaufen.“ Diese Form des Sprachspiels übt die rasche visuelle Orientierung, wie sie im Sinne AFFOLTERS als Grundvoraussetzung zum Spracherwerb notwendig ist.

*Abb. 56: Visuelle Orientierung mit Handpuppen*

### 4.3.8. Wir bauen einen Zoo

| UF: Konstruktionseinheit | |
|---|---|
| **Beispiel 8:** | |
| auditives Leitziel | Tierlaute nachahmen, sich über Laute verständigen |
| motorisches Leitziel | mit vielfältigem Material kreativ umgehen |
| sprachliches Leitziel | die Darstellungsfunktion von Sprache erfahren, gesprochene Sprache schriftlich fixieren |
| Material | freigestellt |

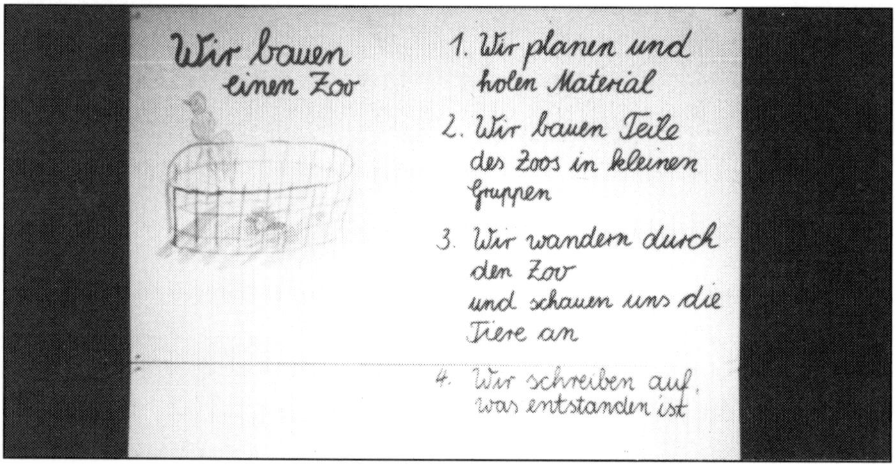


*Abb. 57: Informationsplakat „Wir bauen einen Zoo“*

Bewegung und Spiel, Verständigung über Körpersprache und Sprache, Kooperation und Kreativität gehen bei diesem Vorhaben so verflochten ineinander über, daß zur Wiedergabe keine schriftsprachlichen Mittel verwendet werden sollen.

Das Protokoll der Kinder hält am Ende der Einheit fest:

> Stefanie und Jörg haben einen Löwenkäfig gebaut.
> Alexandra und Patrizia haben einen Rabenkäfig gebaut.
> Oliver und Ralf haben einen Papageienkäfig gebaut und einen Tunnel.
> Alexandra hat einen Spielplatz für Bären gebaut.
> Petra, Frank, Thomas, Michael und Kathi bauen ein Seehundbecken, in dem auch Frösche leben.

*Abb. 58: Fotoeindrücke aus dem Zoo*

*Abb. 59: Fotoeindrücke aus dem Zoo*

*Abb. 60: Fotoeindrücke aus dem Zoo*

*Abb. 61: Fotoeindrücke aus dem Zoo*

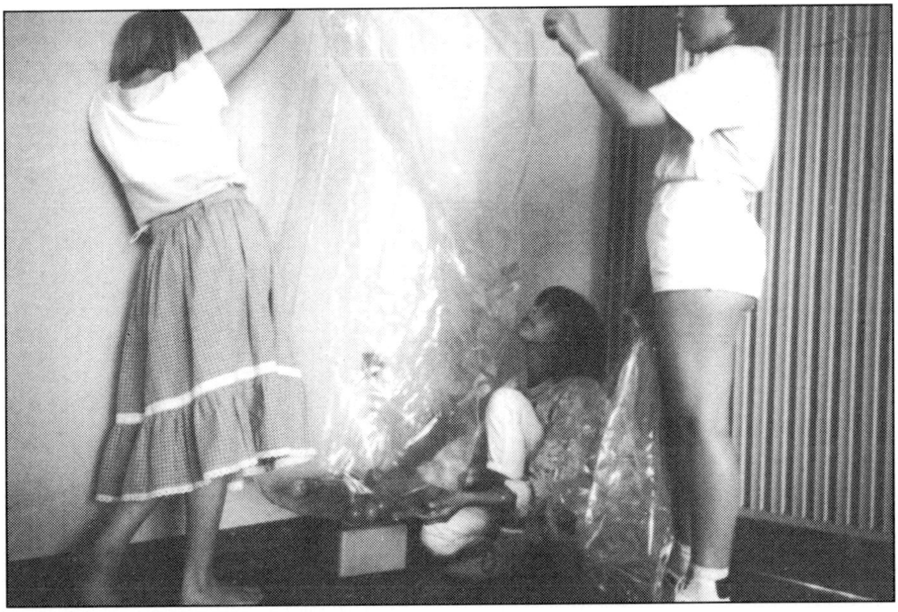

Abb. 62: Fotoeindrücke aus dem Zoo

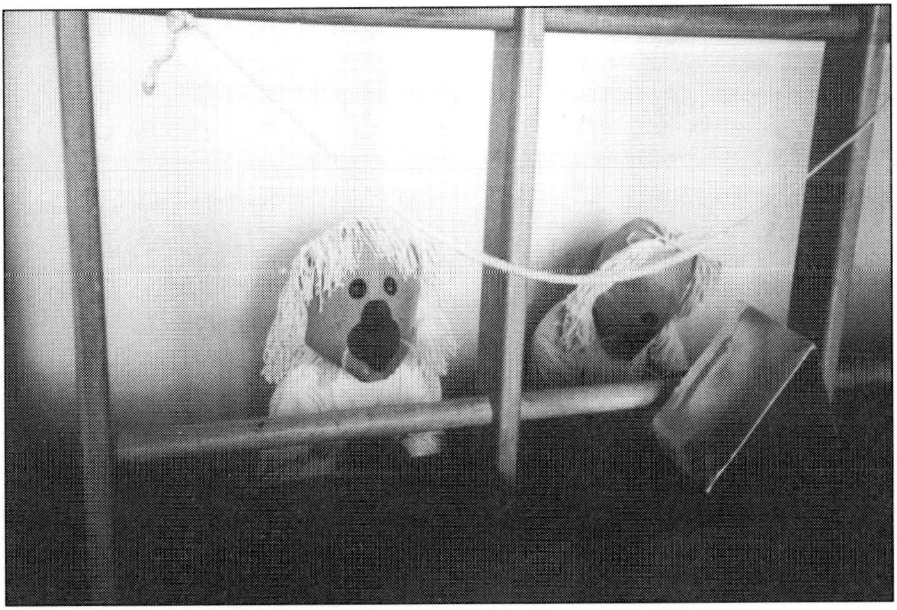

Abb. 63: Fotoeindrücke aus dem Zoo

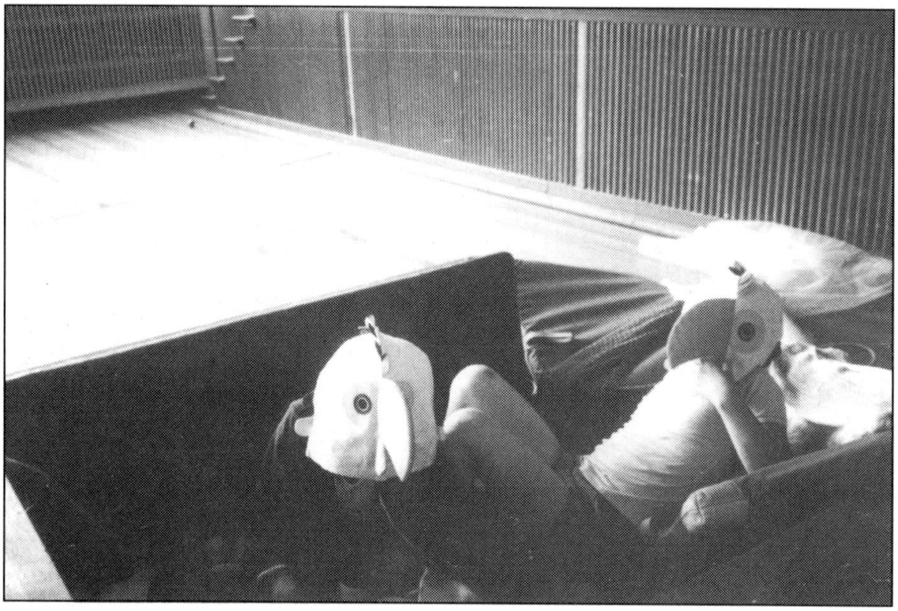
Abb. 64: Fotoeindrücke aus dem Zoo

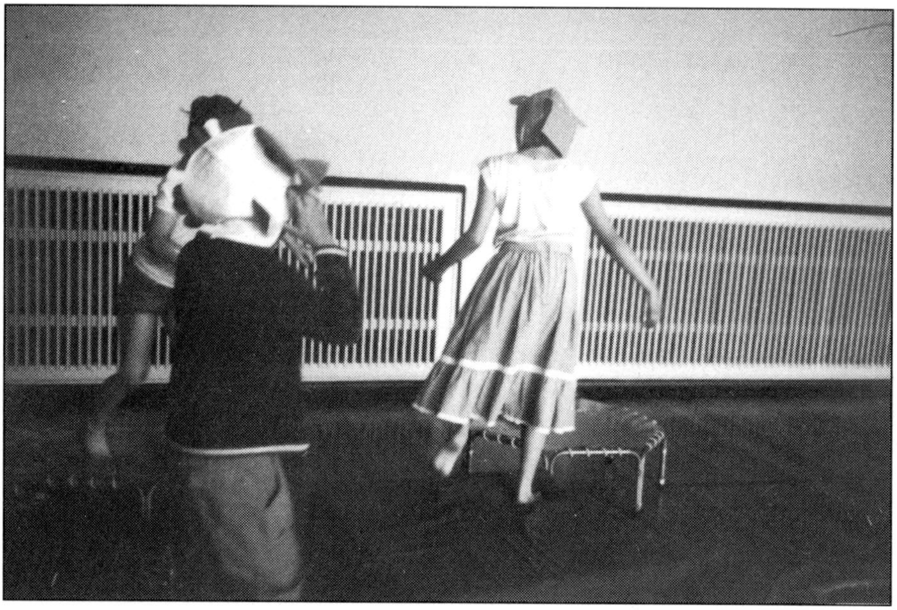
Abb. 65: Fotoeindrücke aus dem Zoo

*Abb. 66: Fotoeindrücke aus dem Zoo*

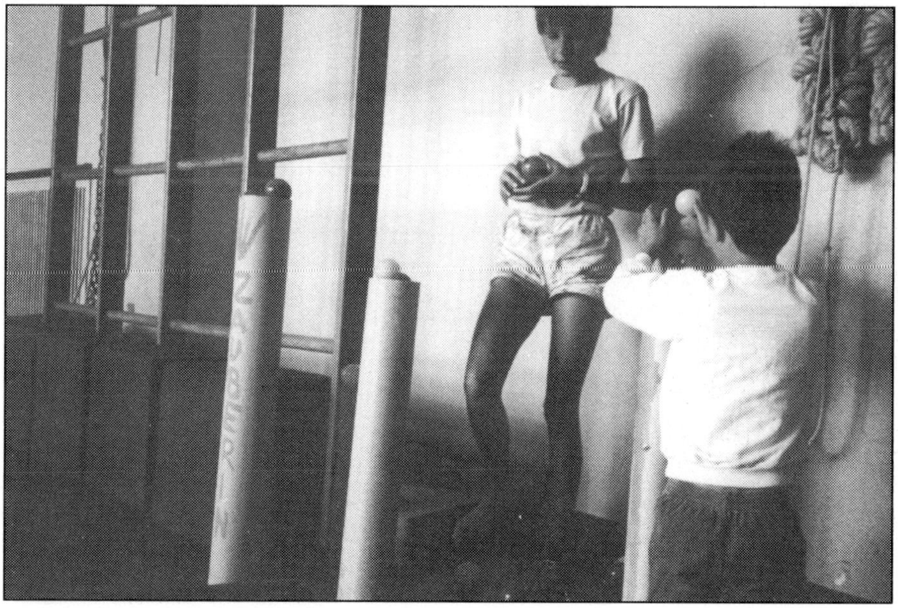

*Abb. 67: Fotoeindrücke aus dem Zoo*

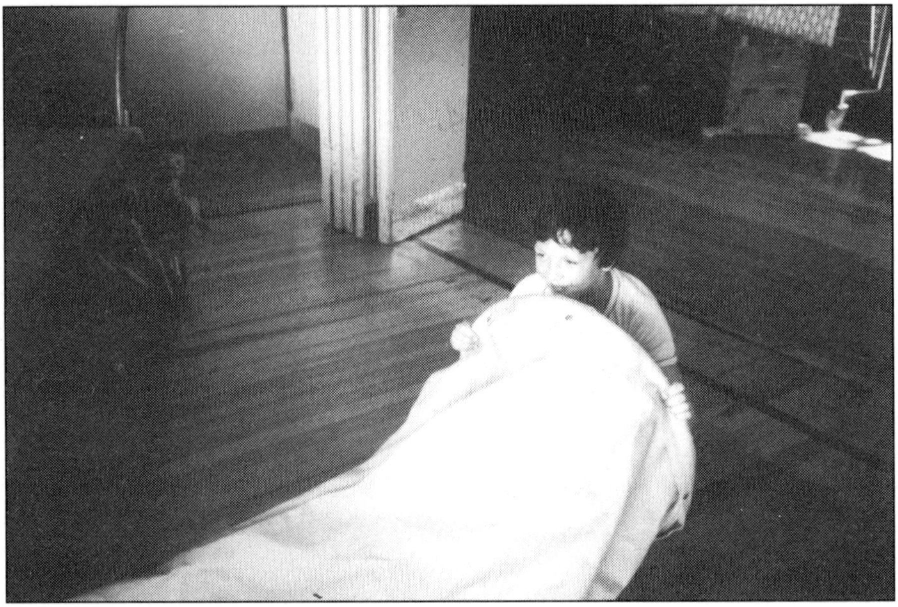

*Abb. 68: Fotoeindrücke aus dem Zoo*

*Abb. 69: Fotoeindrücke aus dem Zoo*

Abb. 70: Fotoeindrücke aus dem Zoo

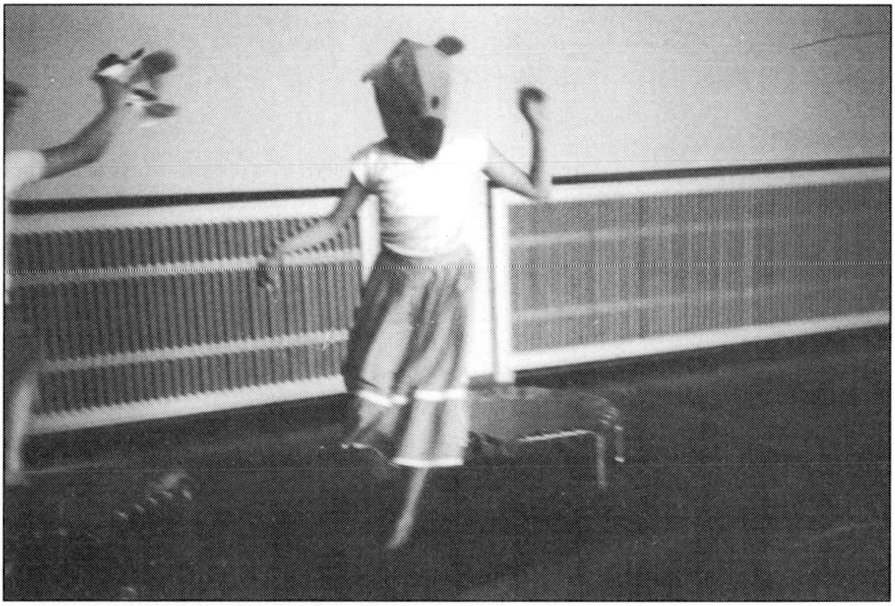

Abb. 71: Fotoeindrücke aus dem Zoo

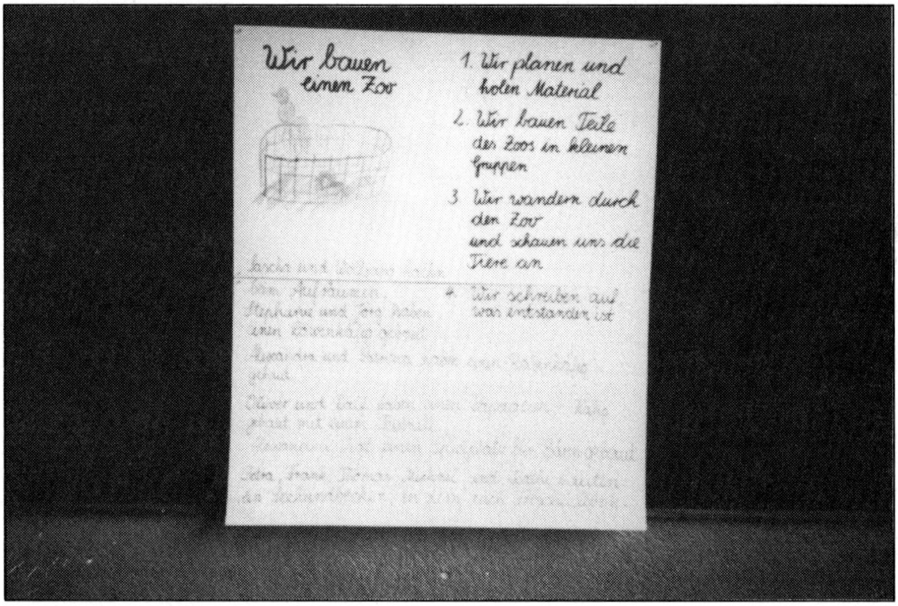


*Abb. 72: Fotoeindrücke aus dem Zoo*

### 4.3.9. Wir fahren mit dem Zug
(Videodokumentation)

| UF: Sonderpädagogische Strukturierung | |
|---|---|
| **Beispiel 9:** | |
| auditives Leitziel | Imitation von Geräuschen mit der Stimme |
| motorisches Leitziel | eigene Körperbewegungen auf die Bewegung der Gruppe abstimmen, taktile Differenzierung von Gegenständen |
| sprachliches Leitziel | vorsprachliche Lautäußerung, Anbahnung und Modellieren des Lautes „sch“, sprachlich zur Entwicklung einer Geschichte beitragen, Sprachhandeln |
| Material | Wortkarten mit den Begriffen „Bummelzug – Güterzug – D-Zug – Intercity“, Polster und Matten, Musikaufnahme „Aus der neuen Welt“ (DVORCAK), drei Tonnen mit Tastmaterial (Schere, Schiff, Flasche, Muscheln, Fisch usw.), Masken zum Bedecken der Augen |

*Abb. 73: Informationsplakat „Wir fahren mit dem Zug"*

Die Struktur dieser Stunde wurde zunächst für die Arbeit in der Sprachambulanz entwickelt. Sie erwies sich in meinen Augen als so förderlich konzipiert, um das Anliegen der *Integrierten Sprach- und Bewegungstherapie* zu verdeutlichen, daß ich meine Klasse bat, mit mir die Spielidee vor der Kamera noch einmal umzusetzen.

Durch die Anwesenheit von zwei gut in unsere Arbeit eingebundenen Therapiepraktikanten konnten wir die Spielszenen abwechselnd filmen und teilweise mitspielen.

Sprachtherapeutisch war diese Stundenstruktur deutlich auf den neunjährigen Jörg abgestimmt, vom Handlungsablauf und der gesamten sonderpädagogischen Struktur her konnten alle Kinder der Klasse profitieren.

**Handlungsziele**

Die Kinder können sich am informierenden Plakat in die Stunde einstimmen lassen, Vorstellungen entwickeln, sich interessieren lassen

— in der sprachlich offen angeleiteten Phantasiereise können die Kinder eigene Erlebnisse mit und auf Bahnhöfen aktivieren, sich Szenen zurückerinnern, Willkommen und Abschied, Geräusche und Handlungen innerlich illustrieren,

— die inneren Bilder können in der großräumigen Bewegungsaufgabe des Zugspiels in eine Spielhandlung umgesetzt werden, Geschwindigkeit und Partner können durch die Wahl von verschiedenen Zugtypen selbstbestimmt und individuell angepaßt gewählt werden,

— die taktile Differenzierungsfähigkeit kann an verschiedenen Gegenständen (Anlaut-, Auslaut-, eingebetteter Laut „sch") gegliedert werden, die Gegenstände liegen an verschiedenen Bahnhöfen bereit,

— neben dem Modellieren des „sch"-Lautes werden sorgfältig Begriffe für die taktilen Informationen gesucht, der Wortschatz im Bereich der Adjektivierung erweitert,

— Begriffsbildung und taktile Sinneserfahrung können in eine Spielhandlung eingebettet werden, wenn ein Reisebericht mit Hilfe der Gegenstände entwickelt wird,

— die Darstellung vor der ganzen Gruppe kann dem Reisebericht einen Sinn geben,

— Im Abschlußbericht besteht für jeden Teilnehmer noch einmal die Möglichkeit zur ganz persönlichen Reflexion und verbalen Darstellung eigenen Erlebens.

## Handlungsschritte

*a) Informierender Unterrichtseinstieg*

An der Informationswand wird den Kindern in allen Einzelheiten in einfacher, übersichtlicher Sprachform die Struktur der geplanten Stunde vorgestellt. Bei dieser Information bemühe ich mich um einen handelnden Ausdruck in der Ich- oder Wir-Form. Diese genaue Vorstellung ermöglicht bei den Kindern Antizipation, beginnendes Interesse, Ausdruck von Motivation oder Ablehnung. Sie entlastet den Pädagogen im Verlauf der Stunde von dirigistischen Eingriffen und läßt ihn den Blick frei haben für Interaktionen. Das kreativ gestaltete Informationsplakat signalisiert den Kindern, wie wichtig dem Pädagogen diese Stunde und seine Teilnehmer sind, gibt den Kindern aber auch eine visuelle Unterstützung des Lehrervortrags. Da alle Kinder vorgelesene Texte mitlesen können, ist dieses Plakat auch schriftlich gestaltet.

*b) Entspannungsphase*

Die Teilnehmer werden gebeten, sich bequem und gelockert auf ihre Matte zu legen. Nach einem kurzen, einführenden Autogenen Training wird mit Worten eine Bahnhofsszene gemalt.

Ich unterscheide sprachlich geschlossene, festgelegte Phantasiereisen, bei denen meine Vorstellungen übermittelt werden können (MÜLLER, 1984) und sprachlich offene, anregende Phantasiereisen, bei denen die Teilnehmer eigenes Erleben in erhöhtem Umfang aktivieren.

Die Einstimmung in die Bahnhofsszene ist sehr offen und weit formuliert:

„Meine Phantasie geht auf die Reise. Schau mal, ob deine Phantasie mit mir auf die Reise gehen will.

In meiner Phantasie gehe ich auf einen großen Bahnhof. Dort gibt es viel zu sehen und zu hören.

Sieh mal genau hin. Hör mal genau hin.

Züge fahren ein und aus . . . Türen schlagen zu . . . Menschen kommen und gehen,

Menschen, die sich begrüßen . . .

Menschen, die Abschied nehmen . . .

Menschen, die fröhlich sind . . .

Menschen, die traurig sind . . .

Du kannst viele Bewegungen sehen. –

Du kannst viele Bewegungen hören. –

Achte auf die Geräusche, die du hörst. –
. . . Und gleich, wenn du die Augen wieder öffnest, kannst du selbst in einen Zug einsteigen.

Du kannst entscheiden, ob du am liebsten mit einem Bummelzug oder lieber mit einem D-Zug oder viel lieber mit einem Intercity oder mit einem Güterzug fahren möchtest.

Umsteigemöglichkeiten findest du an den Bahnhöfen, da halten alle Züge. Probiert mal, wie ihr die Züge besonders deutlich machen könnt.

Jetzt öffnet eure Augen, seht mal langsam nach rechts und links . . . reckt euch . . . und streckt euch . . . und nehmt euch kräftig zurück, bevor ihr in einen Zug steigt."

Die Phantasiereise sollte langsam erzählt werden, es muß viel Zeit für innere Bilder geben, Zeit zum Atmen, Zeit zum Ruhen in einem für Kinder belastenden und anstrengenden Schulalltag des Sitzens und Hörens.

*c) Bewegungsphase*

Am Ende der Phantasiereise werden die Wortkarten mit der Zugbeschreibung wahllos bei einem Kind abgelegt, das dann den Anfang für einen Bummelzug, Güterzug, D-Zug oder Intercity bildet.

Hier kann deutlich gemacht werden, wie selbstbestimmtes Bewegungslernen aussehen kann. Je nach Bedürfnis entscheidet jedes Kind selbst, ob es sich langsam oder schnell bewegen will, welcher Gruppe oder welchem Spielpartner es sich anschließt. In der Themenstellung ist die Möglichkeit der Selbstregulierung enthalten.

Die Züge machen sich auf den Weg, begleitet durch lautes Zischen, Rattern, Stampfen. Es gibt sehr viel Gelächter und Spaß. Die Kinder stimmen die Bewegung ihrer Körper schnell auf die Gruppe ab, bilden eine Einheit und sausen über die blauen und schwarzen Linien der Turnhalle, die in der Imagination unsere Schienen sind.

Durch das Angebot der Bahnhöfe, symbolisiert durch große blaue Polster, in der Halle verteilt, können verschiedene Bewegungsmöglichkeiten erprobt werden. Die Mehrzahl der Kinder bevorzugt den Intercity, Walburga, noch bewegungsängstlich und vorsichtig, bevorzugt den Bummelzug. Eine derartig gewählte Aufgabenstruktur überläßt die Entscheidungsmöglichkeit über Dauer, Schwierigkeit der Anforderung und Partner dem Kind, damit es lernt, seine Bedürfnisse zu erkennen, sie zu realisieren und auf die Bedürfnisse von anderen in der Gruppe abzustimmen. Der institutionelle Rahmen der Schule gibt Kindern und Pädagogen nur selten den Raum für selbstbestimmtes Lernen, deshalb sollte gerade in Förderstunden ein reiches Angebot bereitgestellt werden.

Die großräumige Bewegungsphase schwingt aus in die Phase der Problemstellung und Lösung, wenn die Kinder an den Bahnhöfen anhalten, um sich mit „Reiseandenken“ zu beschäftigen.

*d) Problemstellung und -lösung*

Von dem Zeitrahmen unserer bewegungsorientierten Förderstunde sind etwa fünfzehn Minuten für die großräumige Bewegung zum Aufwärmen und Abfahren der im Unterricht aufgebauten Spannung vergangen.

Eine Minute vorher habe ich an jedem Bahnhof eine kleine Holztonne mit je vier Gegenständen abgestellt, eine Gesichtsmaske dazugelegt. Aus dem informierenden Unterrichtseinstieg ist den Kindern bekannt, daß die Gegenstände sorgfältig betastet und sprachlich mit ihrer Tastqualität beschrieben werden sollen. Dieses sprachliche Begleiten des Handelns ist für Kinder, die weder ihre Sinnestätigkeit noch ihre Sprachkompetenz entfaltet haben, nicht leicht.

Wenn der Pädagoge beobachtet, daß einzelne Teilnehmer sehr oberflächlich vorgehen, kann er durch entwickelnde Fragen zu Form, Konsistenz, Beschaffenheit, Zweck und Umfeld des Gegenstandes unterstützen.

Sind alle Gegenstände ertastet und verbal beschrieben, erfinden die Kinder mit Hilfe dieser Reiseandenken eine Geschichte, die sie in eine Sprachhandlung umsetzen.

Die Beobachtung dieser Phase zeigt, wie lebendig alle Teilnehmer der drei vorhandenen Gruppen an der Lösung beteiligt sind. Stärken und Schwächen können nebeneinander bestehen, ohne daß ein Kind ausgegrenzt wird. Es findet sich auch für jeden eine Rolle, ohne daß ich als verantwortliche Pädagogin steuern muß. Es ist sehr viel Bewegung zu beobachten, eine natürliche Lebendigkeit, wie sie mir für das Wachstum von Kindern wichtig ist.

*e) Veröffentlichung*

Die Teilnehmer der Förderstunde kehren, wenn ihr Reisebericht beendet ist, an den Ausgangspunkt für diese Fahrt mit unterschiedlichen Zügen zurück. Als äußeres Signal für die Dauer der Reise wird die Phase der Problembearbeitung mit der Musik „Aus der neuen Welt“ unterlegt. Es besteht mit den Kindern die Absprache, daß wir zur Großgruppe zurückkehren, wenn die Musik verklungen ist.

Von den drei vorgestellten Reiseberichten gebe ich „Die Reise nach Schottland“ wieder, weil sie sehr deutlich zeigen konnte, wie im bewegungsorientierten Förderunterricht die *Kreativität* der Kinder aufbricht und sie dennoch oder gerade deswegen auch Strukturen finden können.

Stefanie möchte mit dem *Schiff* nach Schottland fahren (bereits hier war deutlich, daß die Kinder das sprachtherapeutische Anliegen der Stunde erkannt hatten). Als Bezahlungsmittel bietet sie dem Kapitän Alexandra eine *Schere* an. Der Kapitän tauscht in Schottland die *Schere* gegen eine *Ketchupflasche* ein. Dabei gibt es Schwierigkeiten, denn der Händler Martin (einer unserer Therapiepraktikanten) hatte seinen Text vergessen. Alle Spieler sind in dieser komischen Situation sehr erheitert, und Kapitän Alexandra löst das Problem, indem sie den vergessenen Text souffliert: „Normalerweise tausche ich keine Ketchupflaschen gegen eine Schere, aber für Sie . . . tue ich es“. Kurze Zeit später kommt ein Kunde, der dringend eine *Schere* für die Rückreise nach Deutschland braucht . . . Die Geschichte schließt sich wieder im Kreis, in dessen Rahmenhandlung der Tauschhandel erfunden wurde.

Inhaltlich ist diese Geschichte nicht anspruchsvoll, zur Struktur der Veränderung einer Situation durch Vertauschen der Gegenstände wurde eine lineare Sprachhandlung erfunden. Der Prozeß dominiert das Produkt, aber da es ein nicht gesteuertes Produkt der Kinder ist, wird am Ende der Produktkette des Gesamtprozesses auch ein qualitätsbezogenes Ergebnis stehen.

Nach zehnjähriger Bewegungsarbeit kann mit Sicherheit die Aussage gewagt werden, daß in der Bewegungspädagogik Kinder die Chance haben, nicht nur ihren eigenen Weg zu finden, sondern dabei auch in den Bereich der erwünschten, normierten Kulturtechniken vorzudringen. Jedoch ist der Prozeß langwierig und bedarf einer verständnisvollen Begleitung. Wenn das bei Kindern mit Entwicklungsretardierungen so zu beobachten ist, möchte ich die Frage stellen, wie sich unbelastete Kinder entwickeln können, wenn ihre Beweglichkeit nicht kulturell eingeschränkt und in lineare Bahnen (Sport, Freizeitbetätigung) geleitet würde.

*f) Reflexionsgespräch*

Als Spielregeln für das regelmäßig stattfindende Kreisgespräch wurde mit den Kindern erarbeitet:

Im Kreis ist wichtig, was ich sage. Die anderen versuchen, mir zuzuhören.

Im Kreis ist wichtig, was jeder andere sagt. Ich versuche, ihm zuzuhören.

Anfangs war es nicht leicht, diese Spielregeln einzuhalten. Zuhören können ist eine der schwierigsten Qualifikationen innerhalb der Kommunikation. Unsere Erfahrungen, daß uns niemand hört, machen wir sehr früh. So setzen auch die Abwehrmechanismen gegen den Schmerz des Nicht-gehört-Werdens sehr früh ein; das bedeutet, daß die Verhaltensmuster des aktiven Nichtzuhörens sehr früh erworben werden (siehe auch das Leitzitat von PERLS am Anfang).

Das Sichgewöhnen an aufmerksames Zusehen und Zuhören zieht sich wie ein verborgener roter Faden durch meine Arbeit mit Kindern und findet seinen sichtbaren Ausdruck im Gesprächskreis.

Gesprächskreis am Anfang der Woche, am Ende der Woche, am Ende wichtiger Erlebnisstunden bietet den Boden für das Berichten individuellen Erlebens, das ernstgenommen werden muß, bevor ein Gefühl für das Dasein in der Gruppe entstehen kann.

Im Gesprächskreis wird im Sinne WYGOTSKIS die Lebendigkeit des Erlebens über Sprache gespeichert, für zukünftige Lernprozesse fruchtbar gemacht über Strukturierung.

Der Gesprächskreis dieser Stunde ist in den verschiedenen Aspekten der angesprochenen Ebene sehr intensiv:

— einige Kinder thematisieren den von ihnen wahrgenommenen Ausschnitt von Handlungen als positiv,
— einige Kinder greifen den Beziehungsaspekt auf und gehen auf Störungen und Lösungsmöglichkeiten ein,
— ein Kind greift ein wahrgenommenes Lernziel auf (visuelle Wahrnehmungsförderung durch die Schienen der Linien), das mir bei der Vorbereitung nicht bewußt gewesen war,
— alle Kinder äußern sich positiv zur Gestaltung der Stunde.

### 4.3.10. Hören — Bewegen — Sprechen

| UF: Sonderpädagogische Strukturierung | |
|---|---|
| **Beispiel 10:** | |
| auditives Leitziel/ motorisches Leitziel | Stimmungen und Aktivitätsgrade in Musik hören und umsetzen in<br>— Körperbewegung,<br>— Farben |
| sprachliches Leitziel | die farbliche Erlebnisebene zurückverwandeln können in eine verbale Aussage |
| Material | Massagebälle, eine zusammengeschnittene Musikkassette mit ausdrucksbetonten Einheiten (Flamenco, Walzer, Orgelkonzert, Breakdance usw.), DIN-A2-Bögen, Wasserfarben, Pinsel |

An diesem Beispiel kann deutlich werden, mit welchen Übungen und Techniken die Kinder in der Bewegungsstunde spielerisch auf das Ausdrücken ihrer Gefühle vorbereitet werden. Primäres Ausdrucksmittel unseres Seins ist der Körper als das Zuhause der individuellen Lebensgeschichte. Der bewußtseinsbildende Umgang mit dem Körper in Bewegung wird bei uns kulturell nicht gepflegt, sondern verhindert. Auch Schule ist ein Instrument, um den wachstumsfördernden Umgang mit der eigenen Körperlichkeit aus politischen Interessen (FELDENKRAIS, 1980) zu unterbinden, weil nur so Kreativität und Vielfalt unzähliger Individuen, die Angst erzeugen, gerichtet werden können.

Die Spiele des sich tänzerischen Bewegens und der sich anschließenden farbigen Gestaltung finden auf einer Oberflächenebene statt, die zwar therapeutisch getieft werden könnte, aber zu diesem Zeitpunkt auf der Realebene belassen wird.

*a) Informierender Unterrichtseinstieg*

Zentraler Gedanke bei der Information über diesen Stundenverlauf ist der Hinweis, zu versuchen, die gehörte Musik körperlich aufzunehmen und bewegungsmäßig umzusetzen und dieses Bewegungserleben später durch die Farben auf das Papier *fließen* zu lassen. Ich erzähle den Kindern, daß wir viel mehr Möglichkeiten haben, uns auszudrücken, und die Kinder nennen als solche Möglichkeiten die Farben, Ton, Instrumente, auf die Ausdrucksmöglichkeit mit dem Körper muß ich hinweisen.

*b) Entspannungsphase mit Musik*

Zu DEUTERS „Silk-road“ massieren sich je zwei Kinder mit Massagebällen gegenseitig den Rücken, um sich zu entspannen. Dieses Partnerspiel bedarf eines hohen Grades an Vertrautheit und Einfühlungsvermögen und kann dann gewagt werden, wenn die Kinder schon lange an die Methode der konzentrativen Selbstentspannung gewöhnt sind und eine feste Beziehung innerhalb der Gruppe haben.

Die Kinder liegen bei der Massage auf Bodenmatten auf dem Bauch, die knienden Kinder lassen die Igelbälle sanft und langsam, mit an die Musik angepaßten Bewegungen, vom Nacken über den Rücken den Körper abwärts rollen. Die Nierengegend und die Kniekehlen werden dabei ausgelassen, um unangenehme oder schmerzende Gefühle zu vermeiden.

Die Bälle werden langsam wieder körperaufwärts gerollt und zum Abschluß der Massage behutsam in die Hände des liegenden Kindes gelegt, das anschließend die Massage bei dem Spielpartner durchführt.

Bei diesem Spiel wird das Aufeinander-hören-Können auf einer ganz fundamentalen Ebene eingeübt, und da jeder sowohl einmal die aktive als auch die passive Rolle übernimmt, ist für eine ausgeglichene Bedürfnisbefriedigung gesorgt, die eine gute Ausgangslage für sich anschließende Experimente bietet.

*c) Großräumige Bewegung*

Die für diese Stunde vorbereitete Musikkassette ist konträr zusammengeschnitten, so daß die Kinder die Möglichkeit haben, mit unterschiedlichen körperlichen Ausdrucksmitteln zu experimentieren. Auch die Pädagogin beteiligt sich an der tänzerischen Gestaltung der gehörten

Musik, einmal, um sich selbst in einem angespannten Unterrichtsvormittag die Möglichkeit zu Entspannung zu geben, aber auch, um die zögernden Kinder durch das Beispiel zu ermutigen und zu unterstützen. Die Kinder finden sehr interessante Lösungsmöglichkeiten, bleiben überwiegend einzeln und probieren eigene Bewegungsformen aus. Bei dem Beispiel des Orgelkonzertausschnitts schließen sich plötzlich die Mädchen zusammen und beginnen eine feierliche Reihenbewegung mit gefalteten Händen.

In der Klasse lebt seit einigen Wochen ein stark lernretardiertes, wenig gefördertes Sinti-Mädchen, das zur Flamencomusik einen faszinierenden, urwüchsigen Bewegungsablauf erfindet und plötzlich von den Klassenkameraden wahrgenommen und für die Schönheit der Darbietung bewundert wird. Zur Breakdance-Musik haben alle Kinder ähnliche Vorstellungen, auch der Walzer wird in drehende, durch die ganze Halle kreiselnde Bewegungen umgesetzt.

d) *Gestaltungsphase*

Die Kinder ziehen sich allein, mit Partner oder in kleinen Gruppen in die Randzonen der Halle zurück und versuchen, die Befindlichkeit während und nach der Tanzphase mit Hilfe von Wasserfarben auf Papier fließen zu lassen. Zur Materialwahl ist zu sagen, daß sich Wachsmaler für eine begrenzende, strukturierte Gestaltung eignen, Wasser- und Fingerfarben fließende Darstellungen erlauben und durch Ton aufbauende Lösungen möglich werden. Da Fingerfarben eher in eine Regression führen, die in dieser Phase unseres Kontaktes nicht gewünscht war, wurden Wasserfarben als Medium gewählt. Die Arbeitsergebnisse der Kinder werden durch Abb. 74 und 75 sichtbar.

e) *Phase der Versprachlichung*

Ausgangspunkt für das sprachliche Eintauchen in das Bild ist die Realitätsebene, bei der wir auch bleiben. In vorangegangenen Stunden begannen ähnliche Übungen mit:

„Da ist . . .“ oder „Ich sehe auf meinem Bild . . .“

Jetzt wird eine Identifikation versucht mit dem Beginn „Ich bin . . . Ich brauche . . .“

„Ich bin eine schöne Blume in rot und blau. Ich stehe fest im Boden. Ich brauche Regen als Nahrung . . .“

„Ich bin ein Baum. Meine Wurzeln sind tief in der Erde. In meinen Zweigen wohnen viele Vögel. Sie fliegen um mich herum. Ich bin nicht allein . . .“

„Ich bin ein Regenbogen. Ich bin am Himmel. Ich brauche die Sonne und den Regen . . .“

Abb. 74: Weitere Informationsplakate

Abb. 75: Weitere Informationsplakate

Die Kinderbilder spiegeln die Vielfalt der kindlichen Bedürfnisse wider, kein Bild gleicht dem anderen, jedes Kind hat eine eigene Lösung gefunden und nicht nur irgendein Bild zur Illustration der vorangegangenen Tänze gemalt, sondern einen Ausdruck für persönliche Bedürfnisse gefunden, die es mit vorsichtiger Anleitung auch sprachlich fassen kann.

Bereits jetzt könnte der Bogen zu einer gestalttherapeutischen, tiefenden Arbeit gespannt werden mit der Fragestellung: „Als Regenbogen in Deinem Bild brauchst Du Sonne und Wind. Als Alexandra hier in der Klasse brauchst Du . . .? . . . und wie könntest Du das, was Du hier brauchst, bekommen? . . .“

Es ist notwendig, nicht nur die Kulturtechniken zur Bewältigung der zukünftigen Arbeitswelt zu erwerben, sondern die Schule ist auch dazu verpflichtet, dabei zu helfen, die soziale Verflochtenheit des Menschen zu begreifen und aktiv darin handeln zu können. Aus dem passiv duldenden Objekt kann ein aktiv gestaltetes Subjekt werden. Daran kann das Kind beteiligt werden, wenn ihm die Möglichkeit dazu eingeräumt wird.

Im Verlauf dieser Stunde stellte sich heraus, daß meine Ideen bei der Vorbereitung zahlreicher waren als die in der Realität zur Verfügung stehenden Minuten. So wurde die Idee, Mund und Hände auch tanzen zu lassen (Rhythmusübungen) in einer späteren Stunde umgesetzt. Auf den Gesprächskreis verzichteten wir ebenfalls. Ich konnte diese Kürzung auf dem Hintergrund der deutlich reflektierenden Versprachlichungsphase akzeptieren.

Mit den vorangestellten ausführlichen Beispielen sollten sowohl die reichhaltigen Möglichkeiten auditiver und sprachlicher Förderung durch Bewegung aufgezeigt, als auch die darin verflochtenen therapeutischen und pädagogischen *Einstellungen* sichtbar gemacht werden. Der Rahmenplan zu dieser Arbeit beinhaltet eine Vielzahl von Verbindungsmöglichkeiten unter Einbeziehung des ganzen Kindes mit allen Sinnen und seinem Körper.

Weitere Anregungen für die Praxis finden sich bei FRITZE (1976), KIPHARD (o.J., 1983), EGGERT (1975), OAKLANDER (1984), ZIMMER / CLAIRS (1987), STEVENS (1984), PETER / EGGERT (1987).

Viele der auf dem Markt befindlichen auditiv fördernden Spielmaterialien lassen sich in Bewegung umsetzen, wenn der Pädagoge oder Sprachtherapeut die Einseitigkeit der paper-pencil-pädagogik erkennt, und seine eigene Beweglichkeit dagegen setzt.

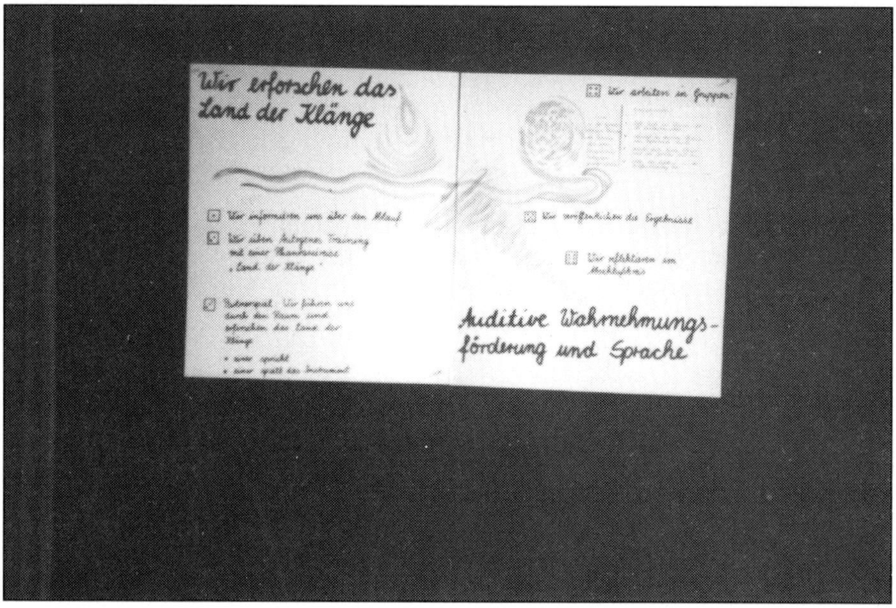


*Abb. 76: Informationsplakat*

Wenn Tisch und Stuhl als Lernort verlassen werden können, wird über die einsetzende Bewegungsfreiheit Handlungsfreiheit ermöglicht.

## 4.4. Stundenstrukturen ganzheitlich orientierter Sprachförderung

In den vorangestellten Praxisbeiträgen wurden folgende Stundenstrukturen oder Unterrichtsformen (UF) vorgestellt:

Sonderpädagogische Strukturierung, sonderpädagogischer Zirkel, sprachtherapeutischer Zirkel, Konstruktionseinheit. Als weitere Möglichkeiten können die Erforschungseinheit und die Freispieleinheit als Rahmen für kindliche Förderung dienen.

Die den einzelnen Strukturen immanenten Möglichkeiten, Vor- und Nachteile, sollen im folgenden kurz beschrieben werden (siehe auch OLBRICH, 1985).

### 4.4.1. Sonderpädagogische Strukturierung

Im Mittelpunkt einer solchen Stunde steht ein sonderpädagogischer Schwerpunkt aus den Bereichen

— auditive Wahrnehmungsförderung,
— visuelle Wahrnehmungsförderung,
— taktile Wahrnehmungsförderung,
— kinästhetische Wahrnehmungsförderung,
— olfaktorische Wahrnehmungsförderung,
— gustatorische Wahrnehmungsförderung,
— vestibuläre Wahrnehmungsförderung,
— Förderung der Gesamtkörper-Koordination,
— Förderung des Gleichgewichts,
— Förderung des Körperbildes, -schemas, -imagos,
— Förderung der Feinmotorik.

Ausgehend von den in persönlichen Kontakten und den in der Diagnostik erworbenen Informationen über den Entwicklungsstand der Kinder werden Übungen und Spiele ausgesucht und entwickelt, die förderlich sein können. Das Thema zieht sich wie ein roter Faden durch die Stunde, der auch durch das Informationsplakat für die Kinder sichtbar wird. Die in der Stunde eingebetteten Phasen sind übersichtlich, gut strukturiert und dadurch reizarm.

Die geringe Aufmerksamkeitsspanne der Kinder impliziert einen rhythmischen Wechsel zwischen großräumiger Bewegung und kurzfristiger Aufgabenstellung während des gesamten Stundenverlaufs. Wechselnde Aktivitätsformen und -grade ermöglichen die bleibende Motivation und innere Beteiligung.

Die sonderpädagogische Strukturierung ist nicht defizitorientiert, hat aber Kenntnis von den Defiziten und versucht durch spielerische Übungsformen den Kompetenzrahmen der Kinder zu erweitern. Sie richtet sich nicht an das einzelne Kind und seine jeweilige Problematik, versucht aber, durch die relativ offene Struktur ein Angebot für das einzelne Gruppenmitglied zu machen (siehe Beispiel 9: Wir fahren mit dem Zug).

Bei der Übernahme neuer Kindergruppen, sei es in der Schule, sei es in der Sprachambulanz, wähle ich anfangs immer die sonderpädagogische Strukturierung als äußeren Rahmen, denn sie gibt den Teilnehmern — und auch den Pädagogen — Sicherheit. Die übersichtliche Struktur läßt das Experimentieren in kurzen, überschaubaren Zeitspannen mit Material, mit sich selbst, mit Spielpartnern zu: das gibt Sicherheit und Halt. Kreativität, Selbstbestimmung, Selbstbewußtsein können langsam wachsen, ohne zu überfordern. Als Pädagogin habe ich die Möglichkeit, in überschaubaren Aufgabenstellungen und kurzen Zeitsequenzen Verhaltensbeobachtungen zu machen und meine Reaktionen anzupassen. Als einen Nachteil der sonderpädagogischen Strukturierung sehe ich den hohen Anteil an Steuerung durch den Pädagogen. Er übernimmt nicht nur die Vorbereitung und Planung, sondern führt auch durch die einzelnen Phasen der Stunde. Diese Fremdbestimmung kann nur dadurch aufgehoben werden, daß die Kinder innerhalb der Struktur die Möglichkeit zum selbstbestimmten Lernen durch möglichst offene Problemstellungen erhalten. Die Möglichkeit zur Selbsterfahrung sollte bei der Vorbereitung sorgfältig erwogen und auch bei der späteren Reflexion intensiv überprüft werden. Psychomotorische Förderung beinhaltet als zwingende Notwendigkeit die Forderung, das Kind in den Mittelpunkt des Blicks zu nehmen, seinen Handlungsansatz zu sehen und durch das Aufnehmen während der Arbeit zu verstärken, zu Handlungskompetenzen fortzuentwickeln. Das geschieht nicht, wenn ich nur die pädagogischen Ziele und Lernzielvorstellungen in den Blick nehme, also von mir zum Kind blicke, sondern, wenn der Blick auch vom Kind zu mir gehen kann.

### 4.4.2. Sonderpädagogischer Zirkel

Auch der sonderpädagogische Zirkel hat einen Förderschwerpunkt zum Thema. Aber er betont den übenden Charakter unter einer größeren Berücksichtigung der Selbstbestimmung.

Aus den bereits bei der sonderpädagogischen Strukturierung vorgestellten Förderbereichen wird wieder ein spezieller Schwerpunkt herausgegriffen und werden Übungsformen dazu bereitgestellt, die kreisförmig im Raum angeboten werden.

Die Teilnehmer können allein, mit einem Partner oder in einer Kleingruppe im eigenen Rhythmus durch die Halle gehen und die angebotenen Spiele erproben.

Es sollten immer mehr Angebote als Spielgruppen gemacht werden, damit auch wirklich eine selbstbestimmte Auswahl getroffen werden kann.

Diesem hohen Maß an Eigenverantwortung, Freiheit und fehlender Kontrolle steht ein großer Aufwand an Vorbereitung auf Seiten des Pädagogen gegenüber. Das Material wird nicht erst im Verlauf der Stunde sukzessiv und dosiert eingeführt, sondern liegt, vor Betreten der Halle durch die Teilnehmer, bereit.

Psychomotorische Arbeit in der Schule bedeutet für mich seit zehn Jahren: Ich habe aufwendige Arbeitsvorbereitungen zu treffen, bin lange vor den Förderstunden zu Unterrichtsbeginn (ein sonderpädagogischer Zirkel kann nur in Anfangs- und Endstunden angeboten werden) und noch lange nach Unterrichtsschluß körperlich tätig und muß flexibel und kooperativ mit Kollegen über zu benutzendes Material und Räume beraten können. Aber der hohe Aufwand lohnt sich, wenn zu sehen ist, wie die Kindergesichter in dieser Arbeit aufbrechen und die unter einer abweisenden Verhaltensschale verborgene Kinderpersönlichkeit zum Vorschein kommt.

Der persönliche Gewinn dieses Aufwands ist, daß auch ich mich ganzheitlich bewegen kann, meine Arbeitswelt Lichter hat, ich eine Nische für persönliche Begegnungen in Freiheit und Kreativität vorfinde, die mich mit Sicherheit davor bewahrt haben, trotz häufig spürbarer Ermüdung, in 22 Berufsjahren meine Ideale einer anderen, humaneren Wirklichkeit aufgeben zu müssen. Diese Arbeit an der Gestalt einer für Kinder unerfreulichen Welt ist **Gestaltarbeit.** Das ist oft schmerzhaft, widersprüchlich, kostet Einsatz und Kraft, ist aber dennoch auch bereichernd.

Die Realisation eines sonderpädagogischen Zirkels kann durch ausführliche Informationen zu Beginn der Stunde vorbereitet werden.

Ein weiteres günstiges Hilfsmittel sind vorbereitete Arbeitskärtchen, die die Kinder bei den Stationen des Zirkels vorfinden.

Ich erfinde gern handelnde Überschriften für solche Zirkelangebote, um den Übungscharakter der Stunde aufzuheben und ganzheitlich einzubetten:

- — Wir wandern durch das Rechts-Links-Land
- — Wir wandern durch das Land der Klänge
- — Wir erforschen das Auf-und-Ab-Land
- — Wir gehen durch das Land der Körper

sind Themenbeispiele, in denen spezifisches Übungsmaterial eingebettet sein kann.

Eine Station des Zirkels sollte als Ruhezone, Rückzugsmöglichkeit oder Entspannungsort angeboten sein, damit die Bedürfnisse nach Dynamik und Ruhe gleichermaßen befriedigt werden können.

### 4.4.3. Sprachtherapeutischer Zirkel

Der sprachtherapeutische Zirkel ist eine Variation des sonderpädagogischen Zirkels. Während aber im sonderpädagogischen Zirkel die Basisbedingungen der Sprachentwicklung gefördert werden sollen, hat der sprachtherapeutische Zirkel deutlich die sprachliche Kompetenz im Mittelpunkt des Förderanliegens. Er ist die psychomotorische Möglichkeit, Sprachtherapie im Bewegungsraum der Halle einzusetzen.

Bei der großen Mehrheit meiner kleinen Klienten in der Sprachambulanz war eine gezielte, auf eine bestimmte Symptomatik abgestimmte Förderung weder angebracht noch notwendig, die allgemeine psychomotorische Entwicklungsförderung reichte aus, die eigenen Kräfte zu mobilisieren und ohne spezifisches Training die Symptomatik zu verlieren. Dennoch gibt es Indikationen, die vermehrt Übung notwendig machen. Für diese Kinder eignet sich der sprachtherapeutische Zirkel.

Eingebettet in allgemeine Förderstationen (wie vorher beschrieben) werden spezielle Sprachstationen bereitgestellt. Hier kann an das jeweilige Kind und seine Problematik angepaßt spezielles Übungsmaterial bereitliegen, das zum Handeln herausfordert (siehe Beispiel 7: Wir erforschen das Spielzeugland). Eine wichtige Anforderung ist jedoch, das in großer Auswahl zur Verfügung stehende konventionelle Übungsmaterial in Bewegung zu übersetzen. Es soll hier kein pädagogischer Trick angewandt werden, um das Kind zu motivieren, sondern der Entwicklungsbedingung **Bewegung** Rechnung getragen werden.

Spielmaterial wie Kasperlefiguren, Handpuppen, Spieltiere o.ä. sind wichtige Hilfsmittel. In der Regel kombiniere ich spezielle sprachtherapeutisch wirksame Aufgaben mit vestibulärer oder kinästhetischer Stimmulation (Einsatz von Therapieschaukeln, Rollbrettern, Pedalos, Trampolin), um durch die Atmosphäre des Getragen-, Gefahren- oder Geschaukeltwerdens die Grundbedingungen für gezieltes Training zu verbessern. An dieser Stelle möchte ich noch einmal auf den Grundsatz der Freiwilligkeit und der Angemessenheit im Zirkel verweisen: die Teilnehmer müssen sich nicht mit jeder Station auseinandersetzen, das Kind findet bei jeder Aufgabe verschiedene Schwierigkeitesgrade vor und entscheidet selbst über den eigenen Anspruch, es kann jederzeit Hilfe durch die Pädagogin bekommen, die aufmerksam beobachtend teilnimmt.

### 4.4.4. Konstruktionseinheit

Die Konstruktionseinheit stellt sich als eine sehr komplexe Situation dar, in der an die Teilnehmer bereits hohe Anforderungen in Bezug auf Kooperationsbereitschaft und -vermögen, Belastbarkeit durch Außenreize, Material- und Verfahrenskenntnisse, Techniken, Kreativität usw. gestellt werden.

Aber es findet eine ungeheuer dichte, ergiebige Kommunikation und eine Explosion an Kreativität statt. In der Konstruktionseinheit werden in Idealform Handlungskompetenzen für alle anderen Lebenssituationen erworben: sich etwas vorstellen, planen, vorbereiten, Material beschaffen, erproben, verwerfen, bestätigen, reflektieren, auf andere Bereiche übertragen, und das nicht alleine, sondern in der Kleingruppe mit oder gegen andere Kleingruppen der vorhandenen Großgruppe.

In der Konstruktionseinheit werden alle erforderlichen Entwicklungsbereiche gleichzeitig gefordert und gefördert, das Bewegen, das Hören, das Sehen, das Denken, das Fühlen, das soziale Handeln.

Psychomotorische Basisförderung, kulturelle Technikförderung und kreative Gestaltungsförderung sind ganzheitlich miteinander verbunden (siehe Beispiel 6: Wir bauen eine Stadt im Meer).

Zu einem vorgegebenen oder einem selbstgewählten Thema entstehen in der gemeinsamen Handlung Abbildungen innerer und äußerer Welten, vom einfachen hin zum komplexen Thema:

— Wir bauen ein Haus (Fahrzeug, Auto, Schiff, Raumfahrzeug, eine Rakete, einen Zug)
— Wir bauen Höhlen für . . . (Bären, Murmeltiere, Fabelwesen)
— Wir bauen ein Dorf (eine Stadt)
— Wir bauen einen Zirkus (Zoo, Spielplatz)
— Wir bauen ein Land zum . . . (Klettern, Rutschen, Balancieren, Schaukeln, Springen)
— Wir bauen ein Land aus 1001 Nacht (aus Träumen, aus Märchen, aus Bilderbüchern)
— Wir bauen das Spielzeugland (Märchenland, Abenteuerland, Schlaraffenland)

sind weitere Ergänzungen zu Beispiel 6 und 8.

### 4.4.5. Erforschungseinheit

Einer Erforschungseinheit ist immer eine Konstruktionseinheit vorausgegangen.

Sie ist eine günstige Bewältigungsmöglichkeit der Zeitproblematik, die durch den institutionellen Rahmen der Schule gesetzt wird. In sehr seltenen Fällen besteht die Möglichkeit, mit den Kindern über einen längeren Zeitraum ein Thema zu bearbeiten. Das hat zu der Idee geführt, mit einer Gruppe ein Thema zu gestalten, das mit einer zweiten Gruppe dann erforscht werden kann. Zum Beispiel wurde mit den Kindern der Lernstufe vier und fünf das Land Rundonien, in dem alles rund ist, erfunden, und mit der Lernstufe eins bis drei konnte dann dieses Land erkundet und beschrieben werden. An der Wandzeitung im Flur erschienen später gemeinsam die Arbeitsergebnisse beider Klassen.

*Abb. 77: Wandzeitung zur Erforschungseinheit „Wir erkunden Rundonien“*

Dieses Vorgehen kann ein Versuch sein, Kinder verschiedener Klassen einer Schule miteinander in Kontakt zu bringen, die Neugier dafür zu wecken, was hinter den Türen anderer Klassen geschieht und das Aufeinanderzugehen vorzubereiten. Gleichzeitig ist dieses Vorgehen eine langfristige Vorbereitung projektorientierten Lernens, das sich über einen größeren Zeitraum, etwa eine Woche, erstreckt. Auch kann es dazu dienen, kollegiale Kooperation der Pädagogen anzubahnen.

Die Konstruktionseinheit kann ihren Ausgang im regulären Klassenunterricht nehmen, aus dem heraus ein unterrichtlicher Inhalt vertiefend bearbeitet wird. Zum Beispiel wurde das Thema „Leben der Jäger und Sammler in der Steinzeit“ in die Halle verlegt und in eine Spielhandlung umgesetzt. Die Konstruktionseinheit kann aber auch in den regulären Klassenunterricht zurückwirken, wenn Spielhandlungen wie vorher beschrieben unterrichtlich mit Kulturtechniken ausgewertet werden, z.B. wenn eine Eigenfibel oder ein Klassentagebuch entsteht. Wichtiger Bestandteil der Konstruktionseinheit ist die abschließende Reflexion, damit die Kinder ihr Handeln in Strukturen überführen können. Fragen wie: „Was hat gut geklappt? Wo gab es Schwierigkeiten? Wie können wir das beim nächsten mal ändern?“ helfen bei der Strukturbildung. Wichtiges Kommunikationsprinzip ist, die Reflexion nicht nur über den Pädagogen als Knotenpunkt laufen zu lassen, sondern die Kinder immer wieder dazu zu ermutigen, sich direkt anzusprechen.

Dieser direkte Kontakt von Kind zu Kind ermöglicht, daß vorhandene soziale Wahrnehmungskompetenzen erkannt und soziale Handlungsmöglichkeiten ständig erweitert werden können.

### 4.4.6. Freispiel

Im Freispiel ergeben sich für das Kind die offensten Möglichkeiten spielerischer Auseinandersetzung mit Umwelt und Eigenwelt.

Die Themenstellung erfolgt nicht durch den Pädagogen, sondern durch das Kind selbst und seine aktuelle Bedürftigkeit. Es kann sich durch andere Kinder oder den Pädagogen begleiten oder stützen lassen. Die Auswahl des Materials geschieht an eigenen Interessen und Themen. Gerade in der Freispielstunde kann der Pädagoge die Kinder bei ihrem jeweiligen Thema abholen und sie bei der Bearbeitung unterstützen.

Ich führe in meiner Arbeit ein Klassentagebuch (Schulbereich) und ein Therapietagebuch (Sprachambulanz). Dort halte ich spontan und unausgelesen wichtige Eindrücke aus der Arbeit fest, um den Entwicklungsprozeß der Kinder besser reflektieren zu können. Aus dem Bereich der Freispielstunde habe ich festgehalten:

*Dienstag, 15. April 1986*

*Hans bringt ein kleines Buch mit in die Stunde . . . „Liebe ist . . .“. Er setzt sich zu mir und beginnt, daraus vorzulesen. Er ist selbst ganz begeistert, daß er jetzt endlich (er ist 14 Jahre alt) lesen kann. Wir spüren beide, wie wichtig dieser Tag ist.*

*Hans erzählt von früher, wie er unter Druck gesetzt wurde, um ihn zu motivieren. Er findet den Vergleich: „Ich war wie ein Hengstfohlen.“ Ich nehme diesen Gedanken auf: „Du hast getreten und gebockt, wie es für ein Hengstfohlen richtig ist.“*

Dieses kleine Beispiel zeigt, wie durch die Annahme des Materials und des jeweiligen kindlichen Ausdrucks in den Entwicklungsprozeß gestaltend eingegriffen werden kann. Es kommt zu einer echten Interaktion zwischen Kind und Erwachsenem, und auf dem Boden persönlicher Begegnung und Wertschätzung kann dann die Bereitschaft wachsen, sich die in unserer Gesellschaft notwendigen Kulturtechniken zu erwerben.

# 5. Elternkontakte

Der Anspruch der ganzheitlichen Entwicklungsförderung muß noch einmal auf dem Hintergrund der Einstellung zum Elternhaus reflektiert werden. Ein weiteres Kennzeichen von Ganzheitlichkeit ist das Einbeziehen des sozialen Umfeldes in die begleitende therapeutische oder pädagogische Arbeit. Die Zusammenarbeit mit Eltern war von Anfang an bestimmendes Merkmal der *Integrierten Sprach- und Bewegungstherapie* (OLBRICH, 1983, 1984, 1985, 1986, 1987a, 1987b).

Die Möglichkeiten des Zugangs zum Elternhaus gestalten sich jedoch im institutionellen Rahmen der Sprachambulanz anders als im institutionellen Rahmen der Schule.

## 5.1. Die Beziehung zwischen Eltern, Therapeutin und Kindern in der Sprachambulanz

Als ich 1976 mit der nebenberuflichen Arbeit in der Sprachambulanz begann, fehlte mir Erfahrung. Ich wurde mit neu erlernten Methoden, neuartigem Material und auch der Problematik teils mehrfach behinderter Kinder konfrontiert. Die Auseinandersetzung mit der Problematik der Eltern dieser Kinder habe ich vermieden, indem die Eltern vor der Tür des Therapieraums warteten oder die Kinder brachten und später abholten.

Erst als ich beobachten mußte, daß die Sprachsymptomatik im Schonraum des Therapiezimmers abgebaut war und auf dem Flur im Kontakt mit der wartenden Mutter wieder auftauchte, wurde ich nachdenklich und begann, mit der Teilnahme der Mütter zu experimentieren (OLBRICH, 1978). Von der beobachtenden bis zur gleichberechtigten Teilnahme der Eltern war ein langer Weg. Heute ist das Angebot, das sprachtherapeutisch zu betreuende Kind aktiv zu begleiten, eine Voraussetzung zur Aufnahme in eine der bestehenden Therapiegruppen. Die Eltern begegnen dieser Erwartung häufig mit Skepsis, in den ersten drei Gruppenkontakten immer mit Unsicherheit und Angst vor der Bewegung und danach mit Sicherheit und Freude an der gemeinsam verbrachten Spielzeit.

Der elterliche Blickwinkel, aus dem heraus die Stundenteilnahme reflektiert wird, verschiebt sich bald vom Kind auf das eigene Erleben. So ist im Anfang oft zu hören: „Mir hat gut gefallen, daß Tobias heute alles mitgemacht hat", während schon bald wichtig ist zu sagen: „Das Autogene Training hat mir besonders gut getan. Ich war vorher so hektisch hier angekommen." Oder: „Beim Spiel mit dem Riesenluftballon fühlte ich mich richtig leicht. Ich konnte so hinterherfliegen."

Wichtiges Anliegen der Begleitung der Kinder durch Eltern in die Sprachtherapie ist die Möglichkeit, im entspannenden Rahmen der Bewegungsarbeit für eine fest begrenzte Zeit die Belastung und die Verantwortung mit der Therapeutin oder dem Therapeuten zu teilen. In der häuslichen Kommunikation hat die sprachliche Symptomatik des Kindes eine andere Bedeutung als in dieser Form der Therapie, sie zieht sich in den Hintergrund zurück, weil die Kommunikation über den Körper und die Bewegung läuft. Dadurch verliert das Symptom seine Bedeutung und wird bald auch nicht mehr benötigt.

Die Anwesenheit der Eltern stärkt das Selbstvertrauen und die Sicherheit der Kinder, stärkt die Beziehung und wirkt zurück ins Elternhaus: „Der Mensch koexistiert im Zeitkontinuum als Körper-Seele-Geist-Subjekt mit einem sozialen und einem ökologischen Kontext. In der Verschränkung mit diesem Kontext und in der Einbettung in dieses Kontinuum gewinnt er seine Identität: im Kontakt, der Berührung und Grenzziehung zugleich ist“ (PETZOLD, 1980, S. 229/230).

In diesen Kontakt ist auch die Therapeutin eingeschlossen, und auch diese Begegnung ist ganzheitlich. Der Prozeß intersubjektiver Korrespondenz, wie PETZOLD ihn nennt, wird durch Engagement, Personalität und Begegnung gekennzeichnet (a.a.O., S. 244ff).

In diesem Sinne kann die Arbeit in der Sprachambulanz in einer *Sein-Relation* stattfinden, während sie in der Schule, wie wir später sehen werden, häufig in einer *Haben-Relation* abläuft. Auch hier wird wieder die direkte Kommunikation zwischen Therapeutin und Kind, Therapeutin und Mutter/Vater, Mutter/Vater und Kind bestimmend.

PETZOLD verweist auf die Notwendigkeit, das eigene Erleben und die eigene Betroffenheit im Gruppenprozeß oder in der therapeutischen Situation mitzuteilen. Dadurch wird Offenheit und notwendiges Vertrauen geschaffen: „Der Kern aller psychotherapeutischen Ausbildung besteht deshalb darin, dem Therapeuten zu helfen, seine Panzer (REICH), seine eigene Neurotisierung zu überwinden, „sein Herz zu finden“ (LOWEN, 1975), damit er in unverstellten, liebevollen Kontakt treten kann. Dieser Kontakt soll nicht durch Übertragungen und Begehren (désir), durch ungelebte kindliche Wünsche getrübt werden“ (PETZOLD, a.a.O., S. 248). Dieser echte Kontakt schafft Beziehung, in der echtes Wachstum für die Beteiligten möglich wird.

## 5.2. Elternarbeit in der Schule

Im institutionellen Rahmen der Schule gestaltet sich der Zugang zum Elternhaus der Kinder ungleich schwieriger.

Der Blick vom Elternhaus zur Schule und von der Schule zum Elternhaus ist häufig verstellt durch nicht ausreichend differenziert wahrgenommene Rollenerwartungen und Rollenzuschreibungen.

In Rollenzuschreibungen und Rollenerwartungen aber kann kein echter, direkter Kontakt geschehen, da sie den Blick verengen und die Handlungsmöglichkeiten einschränken. Die Beziehungen sind häufig verschleiert durch Angst und Abwehr, und zwar auf beiden Seiten.

Kontaktmöglichkeiten in der Schule drücken sich häufig in der *Haben-Relation* aus: Der Lehrer hat Schüler, der Schüler hat einen Lehrer, der Lehrer hat Kontakt mit Eltern, z.B. anläßlich eines Elternabends usw. PETZOLD macht auf diese problematische Terminologie aufmerksam und auf die Gefahr, daß Sprache Fakten setzt (a.a.O., S. 245). Wenn es mir ernst ist mit Wachstum und Beziehung, muß ich es auch in der Schule wagen, diese Haben-Beziehung in eine Sein-Beziehung umzuwandeln. Dazu muß ein Boden von Vertrauen durch Offenheit, Wertschätzung, Echtheit und Akzeptanz geschaffen werden, wie es auch im humanistischen Ansatz der Klientzentrierten Gesprächspsychotherapie versucht wird (ROGERS, 1978, 1979; TAUSCH, 1974; TAUSCH/TAUSCH, 1977; SCHWAB, 1980).

Wie der Psychotherapeut muß der Pädagoge in der Schule jene Art von Beziehung herstellen, in der sich die Kinder im Kontakt mit ihren Eltern frei entwickeln können. Dieser Anspruch klingt sehr hoch und kann leicht Abwehr auslösen.

Dennoch verweise ich noch einmal deutlich darauf, sich als Pädagoge bewußt zu machen, daß ein Kind nie losgelöst von seinen Eltern und dem häuslichen Beziehungsgeflecht gesehen werden kann.

Das Kind bringt morgens in sich die Eltern, die Erlebnisse mit ihnen, die Atmosphäre mit in die Schule. Übertragungsphänomene aber werden häufig dort nicht beachtet oder übersehen. Unbeachtet können sie die Beziehung zwischen Kind und Pädagoge stark belasten. Damit wird ein wichtiger Zugang zum emotionalen Entwicklungsbereich der Kinder verschenkt.

Wage ich als Lehrerin, mit den Eltern meiner Schüler eine echte Beziehung einzugehen, das heißt, sie in mein System von Aufrichtigkeit/Echtheit, bedingungsfreiem Akzeptieren/Wertschätzung und einfühlendem Verstehen einzubeziehen, kann ich auf einer tieferen Ebene kommunizieren, es entsteht ein guter Kontakt.

Das kann einmal durch meine Einstellung geschehen, die sich nonverbal und verbal ausdrückt. Das kann aber auch durch verschiedene vertrauenbildende Maßnahmen angebahnt werden:

Wir treffen uns in der Erstbegegnung nicht auf einem Elternabend im mit Rollenzuschreibungen besetzten Klassenraum, sondern beim Kreativen Kochen und anschließendem gemeinsamen Essen, vielleicht in der Schulküche. Elternabende gewinnen eine andere Bedeutung, wenn mit den Eltern gemeinsam Themen bestimmt werden, über die eine Auseinandersetzung nicht mittels Vortrag und Diskussion erfolgt, sondern mittels spielerischer, Angst herabsetzender Gruppenarbeit.

Vor einigen Jahren gab es zwischen den Eltern einer Unterstufenklasse und mir Differenzen um Hausaufgaben. Die Eltern wünschten Hausaufgaben, ich gab nach ihrer Einschätzung zu wenig auf.

Am nächsten Elternabend haben wir versucht, das Problem von verschiedenen Seiten zu beleuchten: häusliche Konflikte beim Bearbeiten der Hausaufgaben wurden in einem Rollenspiel dargestellt, Erlasse und gesetzliche Vorgaben für eine Klassenzeitung zusammengetragen, Erwartungen angeschaut durch den Versuch, die Rollen zu tauschen . . .

Am Ende war nicht nur die Motivation der Erziehungspartner und der beteiligten Kinder geklärt, sondern es war auch Beziehung entstanden, weil ich in dem Rollenspiel, das ich mit meinem Sohn vorgestellt hatte, nicht in der Rolle als Lehrerin, sondern als Mutter zu sehen gewesen war.

Das Vertrauen war ein kleines Stück gewachsen. Das Vertrauen kann weiter wachsen, wenn es keine Elternsprechtage und Elternabende, sondern Schüler-Elternsprechtage und Schüler-Eltern-Abende gibt, auf denen nicht **über** die Kinder, sondern **mit** den Kindern gesprochen wird.

Gemeinsame Vorhaben vertiefen diese Beziehung. Die Gestaltung des Klassenraums kann ein zentrales Anliegen im Bereich vertrauenbildender Maßnahmen sein. Über diese Arbeit ist es uns gelungen, auch die Väter für Kontakte zur Schule zu gewinnen und in die *Beziehung zu holen:* Nachdem wir die uns zur Verfügung stehenden Lernräume (Klassenraum und Spielzimmer mit großem Flur) gemeinsam, d.h. durch Schüler, Väter, Mütter, Lehrerin und Rektor für uns wohnlich gestaltet und anschließend ein Einweihungsfest gefeiert hatten, empfanden wir uns wirklich als Gemeinschaft.

Auf diesem Weg wird aus Elternkontakten eine Beziehung zwischen Eltern und Lehrer, auf deren Basis das Wachstum nicht nur der Kinder initiiert werden kann.

Persönlich habe ich erfahren, daß dieser Wunsch nach Beziehung und Wachstum in der Schule nicht nur positiv gesehen wird. Kollegiale Auseinandersetzungen können durchaus auf dem Hintergrund interpretiert und verstanden werden, wenn der beschriebene Wachstumsprozeß nicht in allen Klassen stattfinden kann und die *Haben-Relation* vorrangiges Muster bleibt (siehe auch ROGERS, 1981). Ich habe zu prüfen, ob ich mit diesem Konflikt leben kann, oder ob er eine zusätzliche Überforderung im System Schule darstellt.

Hilfsangebote für das Austragen von Konflikten in der Schule sind selten: Supervision, die gerade in unserem Beruf dringend notwendig wäre, gibt es nicht oder nur durch private Initiative. Das ist in meinen Augen einer der Gründe, warum sich in der Schule trotz guter theoretisch vorgestellter Ansätze so wenig bewegt.

Die Angst des Lehrers vor Verwaltung, Eltern, Schülern und Kollegen, sein Abgelehntsein in der öffentlichen Meinung bleiben oft auch vor ihm selbst verborgen. Das führt zu Starrheit und Verhaftetsein im erworbenen und in der eigenen Kindheit so erlebten System, das Sicherheit gewährleistet.

Ich frage mich oft, warum es in der Schule so wenig wirkliche *Bewegung* gibt, nur kanalisiert erlaubt in Sportstunden und Pausen. Kann ich etwas zulassen, was ich selbst nicht erfahren habe?

Darüber hinaus: Wie kann ich etwas ermöglichen, was ich nicht erfahren habe? Mein persönlicher Weg verlief über die handelnde Auseinandersetzung in handlungsorientierten Fortbildungen, zunächst im Aktionskreis Psychomotorik und jetzt im Rahmen der Gestaltausbildung. Die direkte Begegnung mit Menschen, die wie ich beweglich bleiben und wachsen wollen, hat die Fähigkeit, Bewegung und Begegnung zu initiieren wieder wachsen lassen.

Gerade in der Schule ist es wichtig, diese Begegnung zu suchen und sich in ihr stützen und begleiten zu lassen.

# 6. Prozeßverlauf und Prozeßstruktur

Auch für die Beschreibung der in der bewegungsorientierten Arbeit immanenten Prozeßstruktur und des -verlaufs bietet sich die Orientierung an gestalttherapeutischen Konzepten an. PETZOLD (1973, 1980) beschreibt mit seinem Theorie-Praxis-Zyklus einen vierstufigen Korrespondenzprozeß von der Initialphase über die Aktionsphase zur Integrationsphase und anschließend zur Neuorientierungsphase.

In der Arbeit mit Kindern wurde der vierstufige Zyklus zu einem dreistufigen Zyklus verdichtet, da nach meiner Beobachtung die kognitive Integrationsleistung zu konsensgegründeten Konzepten vermutlich erst mit beginnender Adoleszenz zu leisten sein wird und es in der psychomotorischen Arbeit weniger um die Neugruppierung psychischer Prozesse als um das Nachholen wichtiger Lernerfahrungen geht.

Die in den Zielen psychomotorischer Förderung (s. Abb. 1) wiedergegebene Richtung Ichkompetenz, Sachkompetenz, Sozialkompetenz und darauf aufbauend Handlungskompetenz finden sich hierarchisch im Prozeß wieder als Angebot zur Icherfahrung, Materialerfahrung und Sozialerfahrung. Auch PETZOLD spricht in diesem Zusammenhang mit ähnlicher Diktion von personaler Kompetenz, sozialer Kompetenz und lebenspraktischer Kompetenz (1980, S. 241).

Mit den Inhalten der Psychomotorik werden die bedeutsamen Beziehungsakzente und sprachentwicklungspsychologischen Phasen verschränkt:

| Förderphase | psychomotorische Ebene | sprachliche Ebene |
|---|---|---|
| **Initialphase**<br>Stärkung der Mutter-Kind-Dyade, Kontaktaufnahme, Therapeut ist Modell, Raum für Übertragung | Icherfahrung<br>Körpererfahrung, sich selbst wahrnehmen, nicht zielgerichtete Bewegungsspiele | präverbal, nonverbal<br>Verzicht auf sprachliche Leistung, nicht mitteilbar, Widerspiegelung durch die Therapeutin, Mutter/Vater |
| **Aktionsphase**<br>Erweiterung der Triade Partnerschaften in der Gruppe, evtl. Arbeit mit Übertragung | Materialerfahrung<br>die Sinne entwickeln, bewegen, bauen, konstruieren mit verschiedensten Materialien | Lautmalerei, Einwortsatz<br>sprachliche Begleitung, Benennen von Gegenständen, Eigenschaften, Tätigkeiten, Funktionsstärkungen und Training |
| **Neuorientierungsphase**<br>Freundschaften, Gruppenbildung | Sozialerfahrung<br>szenische Gestaltung, Rollenspiele mit Material, Vertiefung zur Gestaltarbeit | Kontaktaufnahme über Sprache: planen, kooperieren, antizipieren, kritisieren, reflektieren |

*Abb. 8: Förderphasen in der psychomotorisch orientierten Sprachtherapie*

Im folgenden soll nun versucht werden, mit Beispielen aus der Praxis die Arbeit der einzelnen Phasen inhaltlich zu füllen.

Entsprechend den Überlegungen zum wichtigen Bereich der Elternkontakte in der Sprachambulanz oder in der schulischen Institution werden die Phasen der Neubegegnung (Initialphase), der psychomotorischen Aktivität (Aktivitätsphase) und der altersgemäßen Anpassung (Neuorientierungsphase) durch die Aktivität der Eltern gestützt (in der Sprachambulanz) oder durch ständiges Gespräch begleitet (Schule).

## 6.1. Initialphase

Zu Beginn des Kontaktes zwischen Therapeutin/Pädagogin und Kindern geht es um das Vertrautwerden mit neuen Materialien oder solchen, die zwar bekannt, aber verfremdet eingesetzt werden. Die Stundenstrukturen sollen den Kindern ermöglichen, mit sich, anderen Gruppenmitgliedern und Material zu experimentieren.

Die Kinder werden in ihrer Entwicklung dort angenommen, wo sie sind. Das bedeutet, daß zwar pädagogische Angebote gemacht werden können, daß aber der pädagogische oder therapeutische Begleiter die Kinder beobachtet und annimmt und verbal verstärkt, wenn sie aktiv werden und eigene Ideen entwickeln.

In einer Stunde zur Förderung der visuellen Wahrnehmungskompetenz beschäftigen sich die Kinder 30 Minuten lang auf dem Airtramp mit Bierdeckeln in der vorgeschlagenen Weise. Dann fliegen plötzlich spontan die ersten UFOs. Die Kinder entwickeln dazu heulende Geräusche. Ralf hatte zu Jörg zuvor gesagt: „Komm Jörg, wir spielen fliegende Untertasse." Das Spiel kann intensiv weiterentwickelt werden, weil ihm durch die Akzeptanz der Pädagogin der entsprechende Raum gewährt wurde.

Auch in der Eingangsklasse verläuft dieser Spielvorschlag spontan anders als von der Pädagogin geplant:

Markus entdeckt, daß er auf den Bierdeckeln rutschen kann, bald schießen und rutschen viele Bierdeckel über den Boden, es entwickelt sich sehr viel Dynamik.

Sirri wirft die erste fliegende Untertasse, es entstehen ähnliche flirrende, sirrende, heulende Geräusche wie in der Stunde mit der anderen Klasse.

Schließlich fliegen viele hundert Bierdeckel durch den Raum. Ermine meint: „Es schneit, Frau Olbrich." Der deutlich präverbale Anteil in der Stundenkonzeption ermöglicht den Kindern Spannungsabfuhr und ungesteuerte Bewegungsmöglichkeit, die in eine vorgegebene, gezielte Aufgabenstellung übergeleitet werden kann.

In einer späteren Stunde ist das Bauen mit farbigen Formhölzern vorgesehen. Miriam, die in allen Stunden zuvor passiv teilgenommen hatte, holt sich meinen Kasper aus der Spielkiste. Das Kasperle hilft uns bei der Gruppenbildung, anschließend gucken Kasper und Miriam zu, was die anderen bauen. In der nächsten Stunde nimmt sie mit dem Kasper aktiv am bewegungsorientierten Förderunterricht teil. Und plötzlich haben alle Kinder Kasperlepuppen mitgebracht. In der Halle entsteht eine magische Atmosphäre, es gibt ein Autogenes Training mit Zauberer, Teufeln, Krokodil, Kasperle usw.

In der Initialphase sorgen die Kinder oft selbst dafür, daß in der sonderpädagogischen Struktur der Stunden Symbolhandlung und magische Spiele einen breiten Raum einnehmen, es findet ein Aktualisieren sehr früher Lernerfahrungen statt, in dem z.B. in der Sprachambulanz die Bindung zwischen Mutter und Kind angenommen und gefestigt werden kann. Wenn überhaupt sprachliche Akzente gesetzt werden, dann über das Modell der Pädagogin/Therapeutin, die die Aktivitäten in der Gruppe sprachlich aufnimmt und begleitet.

## 6.2. Aktionsphase

Die außerordentlich fördernden Bedingungen der psychomotorischen Arbeit ermöglichen den Kindern in kurzer Zeit die Aufnahme intensiver sozialer Beziehungen, die in regelmäßig stattfindenden Gesprächskreisen angeschaut, reflektiert und verbalisiert werden. In *direkten* Kontakten zwischen dem einzelnen Kind und den anderen Gruppenmitgliedern oder den Eltern wird an dieser Beziehung gearbeitet und damit ermöglicht, nicht verarbeitete Erlebnisse oder Vorgänge zu bearbeiten oder zu verarbeiten (OLBRICH, 1987 b).

In der Aktionsphase wird die gestalttherapeutische Tiefung psychomotorischer Förderarbeit sichtbar:

Die Bewegungseinheit bietet den Anlaß für die psychotherapeutische Arbeit mit der kindlichen Problematik. Das soll an einem Beispiel aus dem Winter 1987 verdeutlicht werden.

An einem kalten Wintertag mit sehr viel Schnee erzähle ich den Kindern während des Autogenen Trainings eine Phantasiereise mit vielen Schneeflocken. Jedes Kind verwandelt sich in der Imagination in eine Schneeflocke, die namentlich benannt wird. Die Schneeflocken tanzen, schweben, drehen sich, sind neugierig, haben untereinander Kontakt, schwatzen, sinken langsam zur Erde.

Die Kinder werden aufgefordert, sich ihren Landeplatz auf der Erde genau anzusehen, die Bewegungen der Schneeflocke dort mit dem Körper darzustellen, sich gut einzufühlen. Schließlich wird der Moment der Landung in einem Bild mit Fingerfarben festgehalten.

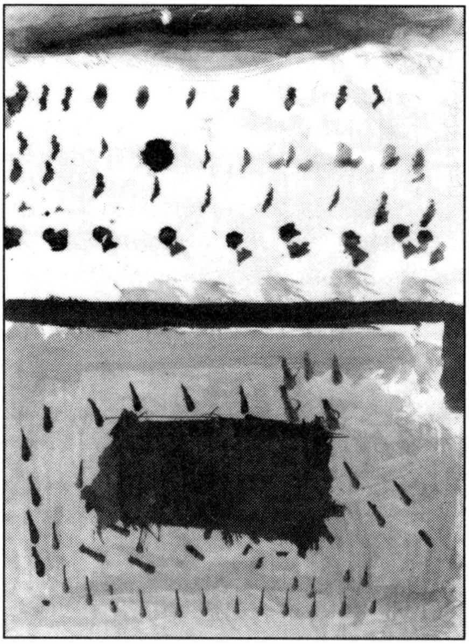

*Abb. 78:*
*Jans „Tanz der Schneeflocken"*

Jans Bild zeigt im oberen Drittel den Tanz der Schneeflocken, im unteren die Landung.

Er erzählt, daß ihn dort rote Schnäbel erwarten, die ihn picken wollen. Auffällig ist die dicke rote Linie zwischen den Schneeflocken und den pickenden roten Schnäbeln. Jan sagt, daß dort eine Schutzlinie sei. Wir versuchen herauszufinden, wer hier in der Klasse für ihn eine Schutzlinie bildet, er benennt Sissi und Samuel, die ihm seit Aufnahme in die Klasse (er lebt in einem Heim) liebevolle Zuwendung, auch durch körperlichen Kontakt, und Schutz in schwierigen Situationen gegeben haben. Eine Erweiterung der Schutzfunktion auf die Bezugsperson im Heim ist verbal ebenfalls möglich.

Dem neunjährigen Jan kann bewußt werden, wer verantwortlich und stützend neben ihm steht. Jetzt wage ich den Schritt in das Gebiet „der roten, pickenden Schnäbel". Jans Mutter hat sich seit einem Jahr weder telefonisch noch schriftlich mit ihm in Verbindung gesetzt. Ich weiß, daß er sehr unter dieser Situation leidet, ohne bisher darüber sprechen zu können.

Auf die vorsichtige Frage, ob es denn Zuhause jemanden geben könne, für den diese Schutzlinie stehe, entsteht langes Schweigen, viel später: „Mein

Bruder Rolf", dann beginnt Jan heftig zu weinen. Uns allen wird deutlich, wie sehr dieses Kind unter den Bedingungen leidet, denen es hilflos ausgeliefert ist. Jan kann die Situation nicht ändern, in der er leben muß, aber er kann unsere therapeutische Hilfe dabei bekommen, die Situation zu erkennen, nicht zu verdrängen und so „eine offene Gestalt zu schließen" und in der Auseinandersetzung neue Wege zu suchen.

In diesem Prozeß sind sowohl die begleitende Erzieherin aktiv beteiligt als auch die anderen Teilnehmer der Kindergruppe, die durch aktives Zuhören und innere und äußere Teilnahme die rote Schutzlinie im Bild *leben.* Neben den anderen in dieser Stunde entstandenen Kinderbildern hängt Jans Bild später im Klassenraum — eine Brücke für weitere Arbeiten an diesem Thema „Ich bin verlassen worden".

Wie aktiv die anderen Kinder an dieser Arbeit beteiligt werden können, möchte ich mit einem weiteren Beispiel aus der gleichen Stunde zeigen. Franziska, die in den Kulturtechniken schwächste Schülerin der Klasse, hat ihr Bild von der Landung der Schneeflocken ganz schwarz gemalt. Als sie das Bild der Klasse vorstellt, sagt sie: „Das ist mein Alptraum." Jeder von uns ist tief betroffen von der ungewohnten Wortwahl. Franziska fährt fort: „Ihr könnt mich nicht sehen. Ich kann euch nicht sehen."

Sie macht uns bewußt, wie isoliert und alleingelassen sie sich in unserer Gemeinschaft fühlt. Die Mitschüler verbalisieren für Franziska: „Du mußt allein lesen und rechnen lernen, weil Du in keine Kleingruppe paßt . . . Wir kümmern uns oft nicht um dich . . . Wir helfen dir oft nicht . . . Ich spreche Dich selten an . . ."

Ich entwickle mit den Kindern ein Symbolspiel: Jeder sucht sich einen Platz auf Franziskas Bild und markiert ihn durch einen farbigen Punkt. Schließlich wird auch visuell sichtbar, daß Franziska in einer Gruppe lernt, die bereit ist, ihre Probleme zu sehen und an der Lösung mitzuarbeiten.

In der Aktionsphase unseres gemeinsamen Prozesses kommt es mehr denn je zuvor darauf an, für die Impulse der Kinder offen zu sein, sie aufzunehmen und spontan mit ihnen zu arbeiten.

Die Initialsituation kann im psychomotorisch orientierten Förderunterricht planbar vorbereitet werden, aber die Kinder entscheiden, welcher Weg dann für sie richtig ist: der Weg der spielerischen Bearbeitung ohne sprachliche Reflexion und Vertiefung oder die verbale Integration unbewältigter Erlebnisse.

## 6.3. Neuorientierungsphase und Ablösung

Das Leitmerkmal der Neuorientierungsphase ist die Arbeit auf einer bewußtseinsbildenden Verbalebene. Das Hineinwachsen in diese Phase geschieht nicht nur durch fördernde Arbeit, sondern auch durch Reifung. So ist die szenische Gestaltung in Pantomime, Rollenspiel und durch körperlichen Ausdruck von Familien-, Schul- und Entwicklungsproblemen häufig erst nach Abschluß der operationalen Phase möglich, wenn sie anschließend verbal verarbeitet werden soll. Ziel ist das Bewußtwerden eigener Verhaltensmuster, ihrer Entstehungsbedingungen und das Erarbeiten von direkten Lösungsvorschlägen für den Alltag.

Dieter hatte in den zweieinhalb Jahren seiner Schulpflicht vielfältige Methoden entwickelt, den Schulbesuch zu vermeiden. Weder gutes Zureden, noch das Einschalten verschiedener sozialer oder psychiatrischer Institutionen hatte aufdecken können, wo die Ursache für seine Schulphobie liegen könnte.

Erst nach der Überweisung in unseren Klassenverband wurde seine gravierende Hypermotorik deutlich. Da der erhebliche Bewegungsdrang Dieters in diesem Klassenverband keine Belastung darstellte, sondern aktiv aufgenommen und im Gesprächskreis als seine Möglichkeit, psychische Spannungen abzubauen, verbalisiert und akzeptiert wurde, fühlte er sich angenommen.

In einer Kunststunde zum Thema „Mein bester Freund/meine beste Freundin“ arbeiteten wir mit dem „leeren Stuhl“ (PERLS). Die Kinder erhielten die Möglichkeit, ihrem Freund oder der Freundin dort auf dem leeren Stuhl eine wichtige Nachricht zu sagen.

Dieter schlug plötzlich vor, jemand anderen auf seinen leeren Stuhl zu setzen — seine Klassenlehrerin aus dem ersten Schuljahr. Er sagte ihr: „Du hast mir immer solche Angst gemacht. Wenn ein Kind in der Klasse nicht so wollte wie du, hast du es einfach in eine andere Klasse geschickt. Alle hatten vor dir Angst. Ich finde dich richtig blöd. Du warst so groß. Wir waren so klein.“

Drei Jahre später ist es Dieter möglich, die angstbesetzten Anfänge seiner Lernstörung zu erkennen und diese Angst mit jemandem verbal zu teilen. Viele Kinder der Gruppe unterstützen Dieters Arbeit und erzählen eigene angstmachende Erlebnisse aus ihrer Grundschulzeit. Damit aber wird der Boden für einen neuen Anfang bereitet und die Kräfte werden freigesetzt für soziale Begegnungen in dieser Gruppe und mit Lehrern dieser Schule. Danach ist der Weg frei für den spannungsfreien Erwerb der im Lehrplan festgelegten Kulturtechniken.

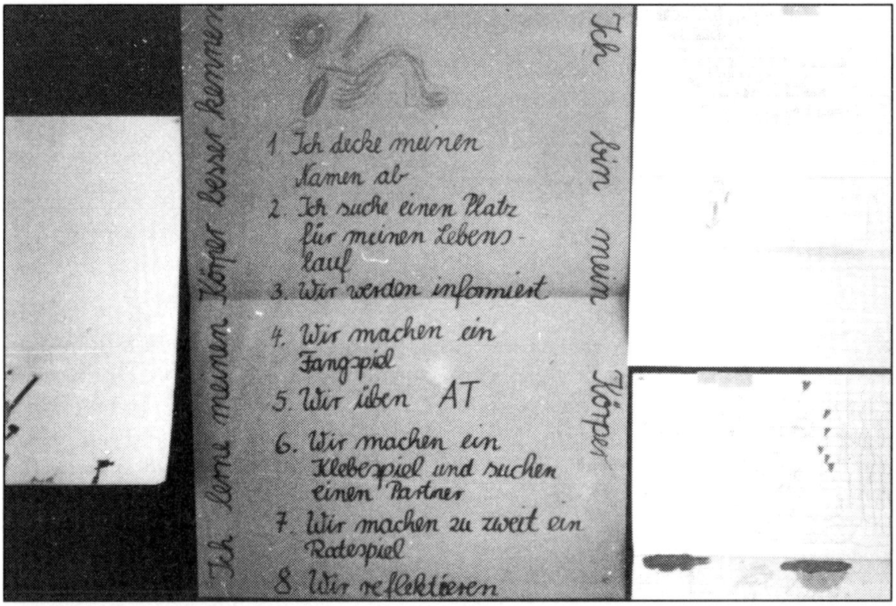


*Abb. 79: Einsatz des Lebenslaufs in der Neuorientierungsphase*

Die Kinder wachsen aus der engen Bindung an den therapeutisch begleitenden Erwachsenen heraus und können altersgemäße Bindungen in Schule und Freizeit eingehen.

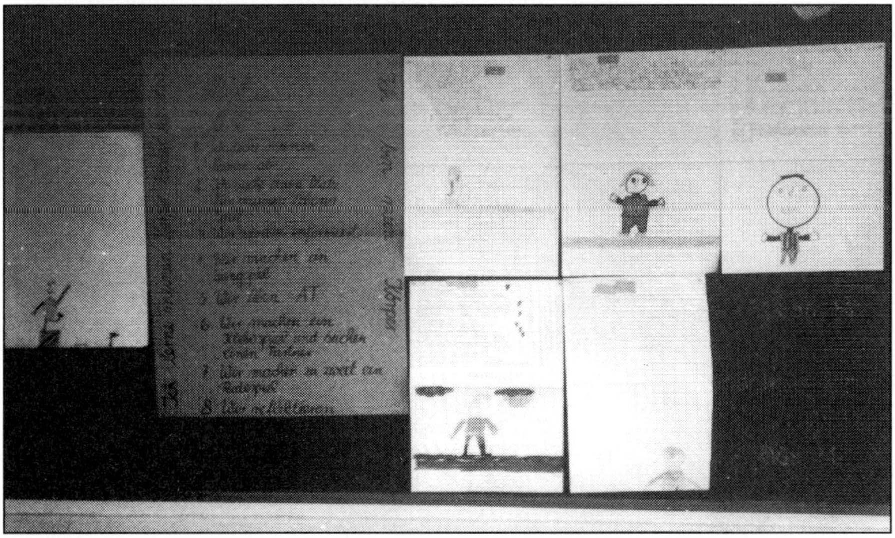

*Foto 80*

# 7. Zusammenfassung und Ausblick

Auch nach Fertigstellung des Manuskripts bin ich mir bewußt, wie fragmentarisch der Versuch gelingt, Einblicke in die bewegungsorientierte Sprachförderung zu geben. Von den vielen möglichen Aspekten habe ich diejenigen herausgesucht, die in meiner eigenen Wahrnehmung augenblicklich im Vordergrund stehen:

Ganzheitliche, entwicklungspsychologische Bedingungen von Wachstum, Einstellungen und gesellschaftliche Hintergründe sowie Strukturen im Wachstumsprozeß.

Die hier vorgestellte Arbeit richtet sich auf Beziehung und Kommunikation in der Beziehung, weniger auf Symptome und muß von daher einen ganz persönlichen Ausdruck finden. Dieser ganz persönliche Ausdruck zeigt sich vorrangig auch in meiner Sprache als Autorin, wenn ich bewußt Stellung beziehe und den Versuch unternehme, die durch schulische Sozialisation entpersönlichte Sprachform abzulegen und eine — meine — individuelle Sprach- und Denkform wiederzufinden.

In diesem Prozeß mußten einige wichtige Themen unbearbeitet bleiben: diagnostische Fragestellungen, methodische und didaktische Grundlagen wurden zurückgestellt, um dieses Buch endlich zum Abschluß zu bringen. Nach intensiven und befriedigenden praktischen Vorarbeiten habe ich mit dem Manuskript in einer persönlich sehr krisenhaften Zeit gerungen. Auch hier zeigt sich scharf die Widersprüchlichkeit zwischen lebendigem Erleben und der Schwierigkeit, dafür eine sprachliche Form zu finden.

Ich hoffe, daß das Ergebnis nicht nur mir Freude macht, sondern auch denjenigen in ihrer Reflexion hilft, die in ihren Einstellungen und der daraus resultierenden Arbeitsweise ähnlich strukturiert sind.

# 8. Literaturverzeichnis

ANGERMAIER, Michael: Psycholinguistischer Entwicklungstest, Manual, Weinheim 1977

ARGYLE, Michael: Körpersprache & Kommunikation, Paderborn 1979

ASCHENBRENNER, Hannes/RIEDER, Karl: Sprachheilpädagogische Praxis, Wien, Frankfurt, Aarau 1983

AYRES, Jean: Lernstörungen — Sensorisch-integrative Dysfunktion, Berlin, Heidelberg, New York 1979

AYRES, Jean: Bausteine der kindlichen Entwicklung, Berlin, Heidelberg, New York, Tokio 1984

BAHR, R./NONDORF, H.: Bewegungshandlung und Sprachvollzug: Gedanken zur psychomotorischen Förderung sprachentwicklungsgestörter Kinder, Die Sprachheilarbeit 30 (1985), 97—103

BAHR, R./NONDORF, H.: Sprachentwicklungsstörungen aus entwicklungs- und neuropsychologischer Sicht, Die Sprachheilarbeit 32 (1987), 49—58

BECKER, K. P./SOVAK, M.: Lehrbuch der Logopädie, Königsstein 1979

BERZHEIM, Nora: Kinder gestalten mit Sprache, Gestik, Musik und Tanz, Donauwörth 1979

BERZHEIM, Nora: Aus der Praxis der elementaren Musik- und Bewegungserziehung, Donauwörth 1979

BIERMANN, Gerd: Autogenes Training mit Kindern und Jugendlichen, München, Basel 1975

BÖNSCH, Manfred/SCHNITTKO, Klaus (Hrsg.): Offener Unterricht, Hannover, Dortmund, Darmstadt, Berlin 1979

BRAND, I./BREITENBACH, E./MAISEL, V.: Integrationsstörungen — Diagnose und Therapie im Erstunterricht, Würzburg 1986

BRAND, I./BREITENBACH, E./MAISEL, V.: Erziehung und Förderung in den schulvorbereitenden Einrichtungen für behinderte Kinder, Würzburg 1987

BROOKS, Charles: Erleben durch die Sinne, Paderborn 1984

BÜCKEN, Hugo: Kimspiele: Spiele zum Sehen, Schmecken, Riechen, Tasten, Hören und Denken, München 1984

BUROW, O. A./SCHERPP, K.: Lernziel Menschlichkeit — Gestaltpädagogik — Eine Chance für Schule und Erziehung, München 1980

BUROW, O. A./QUITMANN, H./RUBEAU, M. P.: Gestaltpädagogik in der Praxis, München 1987

BUSH, W. J./TAYLOR, G. M.: Psycholinguistischer Sprachunterricht, München, Basel 1976

CORRELL, Joseph: Mit Kindern die Natur erleben, Soyen 1979

CRATTY, Bryant: Aktive Spiele und soziales Lernen, Ravensburg 1977

DAHLENBURG, E.: Die Schule für Sprachtherapie als sprachheilpädagogisches Zentrum, Die Sprachheilarbeit 29 (1984), 147—157

DAUBLEBSKY, B./DAVIS, M.: Spielen in der Schule, Stuttgart 1978

DREVER, J./FRÖHLICH, W. D.: Wörterbuch zur Psychologie, München 1975

ECKERT, Renate: Ansätze einer integrierten Sprach- und Bewegungsförderung, in: XIX Congress of the International Association of Logopaedics and Phoniatrics, Perth, Scotland 1984

ECKERT, Renate: Auswirkungen psychomotorischer Förderung bei sprachentwicklungsgestörten Kindern, Frankfurt, Bern, New York 1985

ECKERT, Renate: Frühförderung im sprachlichen Bereich — Ansätze zur Prävention und zur Rehabilitation von Sprachentwicklungsstörungen, in: OLBRICH, I. (Hrsg.) Frühförderung behinderter und von Behinderung bedrohter Kinder, Dortmund 1985

ECKERT, Renate: Die Identität des Psychomotorikers — Die Identität des Sprachtherapeuten, in: OLBRICH, I. (Hrsg.) Frühförderung behinderter und von Behinderung bedrohter Kinder, Dortmund 1985

ECKERT, Renate: Neuere Aspekte in der Integrierten Entwicklungs- und Kommunikationsförderung sprachbehinderter Kinder, in: Die Sprachheilarbeit 33 (1988), 282—290

EGGERT, Dietrich: Psychomotorisches Training, Weinheim, Basel 1975

EGGERT, Dietrich: DMB Diagnostisches Inventar psychomotorischer Basiskompetenzen, Universität Hannover 1988

EGGERT, D./KIPHARD, E. J.: Die Bedeutung der Motorik für die Entwicklung normaler und behinderter Kinder, Schorndorf 1980

EIBL-EIBESFELD, Irenäus: Liebe und Haß — Zur Naturgeschichte elementarer Verhaltensweisen, München, Zürich 1984

FELDENKRAIS, Moshe: Bewußtheit durch Bewegung, Frankfurt 1980

FERENCZI, Sandor: Bausteine zur Psychoanalyse, Bd. I Theorie, Frankfurt, Berlin, Wien 1984

FERENCZI, Sandor: Bausteine zur Psychoanalyse Bd. II Praxis, Frankfurt, Berlin, Wien 1984

FLUEGELMAN, Andrew: Die neuen Spiele 2, Soyen 1980

FLUEGELMAN, A./TEMBECK: New games — die neuen Spiele, Soyen 1980

FOSTER, John: Aktives Lernen, Ravensburg 1974

FREUD, Sigmund: Das Ich und das Es, Frankfurt 1984

FREUD, Sigmund: Die Traumdeutung, Frankfurt 1984

FRIEDRICHS, K./MEYER, H./PILZ, E.: Unterrichtsmethoden, Oldenburg 1982

FRITZE, Christa e.a.: Hören — Auditive Wahrnehmungsförderung, Dortmund 1976

FRÖHLICH, Andreas: Wahrnehmungsstörungen und Wahrnehmungstraining bei Körperbehinderten, Rheinstetten 1977

FROMM, Erich: Die Kunst des Liebens, Stuttgart 1980

FROMM, Erich: Die Seele des Menschen, Stuttgart 1979

FROMM, Erich: Anatomie der menschlichen Destruktivität, Reinbek 1977

FROSTIG, Marianne: Bewegungserziehung — Neue Wege der Heilpädagogik, München, Basel 1975

FUHR, Reinhard: Handlungsspielräume im Unterricht, Königstein 1979

FÜSSENICH, I./GLÄSS, B.: Dysgrammatismus — Theoretische und praktische Probleme bei der interdisziplinären Beschreibung gestörter Kindersprache, Heidelberg 1985

GALPERIN, P. J.: Zu Grundfragen der Psychologie, Köln 1980

GALPERIN, P. J.: Probleme der Lerntheorie, Berlin 1979

GRELL, Jochen: Techniken des Lehrerverhaltens, Weinheim, Basel 1974

GRELL, J. und M.: Unterrichtsrezepte, München, Wien, Baltimore 1979

GRODDECK, Georg: Das Buch vom ES, Frankfurt 1979

GROHNFELD, Manfred: Gedankengänge zur Veränderung der Sprachbehindertenpädagogik, Die Sprachheilarbeit 32 (1987), 1—9

GROHNFELD, Manfred: Menschenbilder in der Sprachbehindertenpädagogik, Die Sprachheilarbeit 32 (1987), 86—88

GROHNFELD, Manfred: Sprachbehindertenpädagogik im Wandel, in: Zeitschrift für Heilpädagogik 7 (1987), 477—487

GUDJONS, Herbert: Handelnder Unterricht, in: Westermanns Pädagogische Beiträge, 9 (1980), 342—349

HAHMANN, Heinz/ZIMMER, Renate: Vorschule, Elternhaus und Verein, Bonn 1980

HAHN, E./PREISING, W.: Die menschliche Bewegung — Human Movement, Schorndorf 1976

HAHN, E./KALB, G./PFEIFFER, L.: Kind und Bewegung — Kinderturnen kritisch betrachtet, Schorndorf 1978

HAMBLIN, Kay: Pantomime Spiel mit deiner Phantasie, Soyen 1979

HEIDTMANN, Hildegard: Lernschwächen sprachentwicklungsgestörter Kinder, Rheinstetten 1979

HERMANN, Theo u.a.: Handbuch psychologischer Grundbegriffe, München 1977

HOLZHEUER, Rosemarie: Praxishilfen zur Musik- und Bewegungserziehung für Kindergarten und Grundschule 2, Gestaltung, Donauwörth 1980

HOLZHEUER, Rosemarie: Praxishilfen zur Musik- und Bewegungserziehung 1 Sensibilisierung, Donauwörth 1980

IRMISCHER, Tilo: Didaktik des Sportunterrichts an der Schule für Lernbehinderte, Dortmund 1984

IRMISCHER, T./IRMISCHER, E.: Bewegung und Sprache, Schorndorf 1988

IRMISCHER, T./FISCHER, K.: Bewegungserziehung und Sport an Schulen für Lernbehinderte, Schorndorf 1982

KIPHARD, E. J.: Psychomotorik als Prävention und Rehabilitation, Gütersloh o.J.

KIPHARD, E. J.: Motopädagogik, Dortmund o.J.

KIPHARD, E. J.: Mototherapie Teil I, Dortmund 1983

KIPHARD, E. J.: Mototherapie Teil II, Dortmund 1983

KIPHARD, E. J.: Bewegungs- und Koordinationsschwächen im Grundschulalter, Schorndorf 1977

KIRK, S. A./KIRK, W. D.: Psycholinguistische Lernstörungen, Weinheim, Basel 1976

KLEINERT-MOLITOR, B.: Überlegungen zu einer psychomotorisch orientierten Sprachförderung in Kindergarten und Anfangsunterricht, Die Sprachheilarbeit 39 (1985), 104—116

KLEINERT-MOLITOR, B.: Früher konnte ich nicht mal „Marmelade“ sagen, 10 Jahre Frühförderung konkret, Die Sprachheilarbeit 31 (1986), 241—548

KNAUF, Tassilo: Handlungsorientiertes Lernen in der Grundschule, Bensheim 1979

KNURA, G.: Grundfragen der Sprachbehindertenpädagogik, in: KNURA, G., NEUMANN, B. (Hrsg.), Handbuch der Sonderpädagogik — Pädagogik der Sprachbehinderten, Berlin 1982, 3—57

KOHAUS, J.: Ganzheitliche handlungsorientierte Förderung von Kindern (3—7 Jahre) mit auffälliger Sprachentwicklung unter Berücksichtigung anthropologischer, entwicklungspsychologischer und motopädagogischer Aspekte, unveröffentlichte Diplomarbeit, Universität Dortmund 1985

KOMNICK, G.: Integrierte Sprach- und Bewegungsförderung, ganzheitlich-orientiertes Konzept für die Förderung entwicklungsgehemmter Kinder, unveröffentlichte Staatsarbeit, Universität Dortmund 1985

KORNMANN, Reimer/MEISTER, Hans/SCHLEE, Jörg: Förderdiagnostik Konzept und Realisierungsmöglichkeiten, Heidelberg 1986

KORNMANN, Reimer/RAMISCH, Brigitte: Lernen im Abseits, Heidelberg 1984

KROLL, P./THIELE, A.: Sprachförderung und das Prinzip der Ganzheitlichkeit in der Arbeit mit sprachentwicklungsgestörten Kindern, Tendenzen in der Sprachbehinderten- und Motopädagogik, unveröffentlichte Staatsarbeit, Universität Hannover 1985

LANDAU, Erika: Kreatives Lernen, München, Basel 1984

LENNEBERG, E. J.: Biologische Grundlagen der Sprache, Frankfurt 1977

LEONTJEW, A. N.: Probleme der Entwicklung des Psychischen, Königstein 1980

LIEDLOFF, J.: Auf der Suche nach dem verlorenen Glück, München 1980

LOTT, F.: Die Bedeutung der Gruppe in der Threapie mit Kindern, in: PETZOLD, H./ FRÜHMANN, R.: Modelle der Gruppe in Psychotherapie und psychosozialer Arbeit, Bd. II, Paderborn 1986

LOTZMANN, Geert (Hrsg.): Psychologie in der Stimm-, Sprech- und Sprachrehabilitation, Stuttgart New York 1979

LOTZMANN, Geert: Aspekte auditiver rhythmischer und sensomotorischer Diagnostik, Erziehung und Therapie, Basel 1984

LOTZMANN, Geert: Elternberatung und Familientherapie bei Sprach-, Sprech- und Hörstörungen, München 1981

LÖWE, Armin: Sprachfördernde Spiele für hörgeschädigte und für sprachentwicklungsgestörte Kinder, Berlin 1976

LOWEN, Alexander: Der Verrat am Körper, Reinbek bei Hamburg 1983

LOWEN, Alexander: Bio-Energetik, Reinbek bei Hamburg 1983

LURIJA, A. R./JUDOWITSCH, F. J.: Die Funktion der Sprache in der geistigen Entwicklung des Kindes, Düsseldorf 1973

MANN, Iris: Schlechte Schüler gibt es nicht, München, Wien, Baltimore 1981

MATURANA, Humberto/VARELA, Francisco: Der Baum der Erkenntnis. Wie wir die Welt durch unsere Wahrnehmung erschaffen — Die biologischen Wurzeln des menschlichen Erkennens, Bern, München, Wien 1987

MEIXNER, Friederike: Sprachschwächen im Schulalter, Wien, München 1977

MERLEAU-PONTY, M.: Phänomenologie der Wahrnehmung, Berlin 1966

MEYER, Hilbert: Leitfaden zur Unterrichtsvorbereitung, Königstein 1980

MILLER, A.: Das Drama des begabten Kindes und die Suche nach dem wahren Selbst, Frankfurt 1979

MILLER, A.: Am Anfang war Erziehung, Frankfurt 1980

MILLER, Alice: Du sollst nicht merken — Variationen über das Paradies-Thema, Frankfurt 1983

MÜLLER, Else: Du spürst unter deinen Füßen das Gras, Autogenes Training in Phantasie- und Märchenreise, Frankfurt 1983

MÜLLER, H. J./DECKER, R./SCHILLING F.: Motorik im Vorschulalter, Schorndorf 1975

MURCH, G./WOODSWORTH, G.: Wahrnehmung, Stuttgart, Berlin, Köln, Mainz 1977

NICKEL, Horst: Entwicklungspsychologie des Kindes- und Jugendalters Bd. I, Bern, Stuttgart, Wien 1975

NICKEL, Horst: Entwicklungspsychologie des Kindes- und Jugendalters Bd. II, Bern, Stuttgart, Wien 1976

OAKLANDER, Violet: Gestalttherapie mit Kindern und Jugendlichen, Stuttgart 1984

OKSAAR, Els: Spracherwerb im Vorschulalter, Stuttgart, Berlin, Köln, Mainz 1977

OLBRICH, Ingrid: Sprache und Bewegung unter sonderpädagogischem Aspekt, in: Motorik 1 (1978), Schorndorf, S. 42—52

OLBRICH, Ingrid: Unterrichtsentwurf zum Thema: Auditive Wahrnehmungsförderung an einer Schule für Lernbehinderte, in: IRMISCHER, T/FISCHER, K. (Hrsg.) Bewegungserziehung und Sport an Schulen für Lernbehinderte, Schorndorf 1982, 220—235

OLBRICH, Ingrid: Aktivierung der kindlichen Sprache durch Training der taktilen Wahrnehmung, in: IRMISCHER, T./FISCHER, K. (Hrsg.): Bewegungserziehung und Sport an Schulen für Lernbehinderte, Schorndorf 1982, 236—246

OLBRICH, Ingrid: Die integrierte Sprach- und Bewegungstherapie als ganzheitlich orientierte Therapieform bei Kindern mit Sprachentwicklungsstörungen, in: Motorik 6 (1983) Schorndorf, 140—149

OLBRICH, Ingrid: Förderung der Sprachentwicklung in der Bewegungstherapie, in: IX Congress of the International Association of Logopaedics and Phoniatrics, Perth, Scotland 1984

OLBRICH, Ingrid (Hrsg.): Frühförderung behinderter und von Behinderung bedrohter Kinder, Dortmund 1985

OLBRICH, Ingrid: Aspekte ganzheitlicher Sprachentwicklungsförderung, Verein Berner Logopäden, 3/86, Bern 1986, 3—16

OLBRICH, Ingrid: Psychomotorische Sprachentwicklungsförderung in der integrierten Sprach- und Bewegungstherapie, in: Die Sprachheilarbeit 32 (1987) Hamburg, 59—68

OLBRICH, Ingrid: Integrierte Sprach- und Bewegungstherapie — Ganzheitliche Förderung, in: Lernen fördern 7, Köln 1987, 14—15

OLBRICH, Ingrid: Bewegungsorientierter Förderunterricht, eine entwicklungs- und ganzheitlich orientierte Form in der Sonderschule, unveröffentlichtes Manuskript, GEW Sonderschulforum 1987

OLBRICH, Ingrid: Die integrative Sprach- und Bewegungsförderung — ein Förderkonzept in Theorie und Praxis, in: IRMISCHER, T./IRMISCHER, E. (Hrsg.) Bewegung und Sprache, Schorndorf 1988

PARSCH, Susanne: Ein Beitrag zur psychomotorischen Förderung bei Sprachbehinderten, unveröffentlichte Staatsarbeit, Pädagogische Hochschule, Heidelberg 1985

PERLS, Fritz: Das Ich, der Hunger und die Aggression, Stuttgart 1985

PERLS, Fritz: Gestalt Wachstum — Integration, Paderborn 1980

PERLS, Fritz: Gestalt — Wahrnehmung, Frankfurt 1981

PERLS, Fritz: Gestalt-Therapie in Aktion, Stuttgart 1979

PERLS, Fritz: Grundlagen der Gestalttherapie, München 1982

PERLS, F./HEFFERLINE, R./GOODMAN, P.: Gestalt-Therapie — Lebensfreude und Persönlichkeitsentfaltung, Stuttgart 1981

PERLS, F./HEFFERLINE, R./GOODMAN, P.: Gestalt-Therapie — Wiederbelebung des Selbst, Stuttgart 1981

PETER, Th./EGGERT, D.: DIAS — ein diagnostisches Inventar auditiver Alltagssituationen, Universität Hannover 1987

PETZOLD, Hilarion (Hrsg.): Die Rolle des Therapeuten und die therapeutische Beziehung, Paderborn 1980

PETZOLD, Hilarion: Psychotherapie & Körperdynamik, Paderborn 1985

PETZOLD, Hilarion: Leiblichkeit, philosophische, gesellschaftliche und therapeutische Perspektiven, Paderborn 1985

PETZOLD, Hilarion: Wege zum Menschen Bd. I und II, Paderborn 1985

PETZOLD, H./MATHIAS, U.: Rollenentwicklung und Identität, Paderborn 1982

PETZOLD, H./FRÜHMANN, R.: Modelle der Gruppe in Psychotherapie und psychosozialer Arbeit, Bd. I und II, Paderborn 1986

PETZOLD, H./BROWN, G.: Gestaltpädagogik, München 1977

PIAGET, J.: Sprechen und Denken des Kindes, Düsseldorf 1976

REINARTZ, A./REINARTZ, E./REISER, H.: Wahrnehmungsförderung behinderter und schulschwacher Kinder, Berlin 1979

ROGERS, Carl: Die Kraft des Guten, München 1978

ROGERS, Carl: Lernen in Freiheit, München 1979

ROGERS, Carl: Der neue Mensch, Stuttgart 1981

ROHR, Barbara: Handelnder Unterricht, Heidelberg 1982

ROHR, Barbara: Mädchen — Frau — Pädagogin, Köln 1984

ROTHMANN, N./HANNES, M.: Maskenspiel, Soyen 1984

ROZMAN, Deborah: Mit Kindern meditieren, Frankfurt 1982

SCHÄFER, K. H.: Psychomotorische Übungsgeräte — Spielen, Bewegen, Erleben, Lernen, Lage Heiden o.J.

SCHILLING, F./KIPHARD, E. J.: Zur Ganzheitlichkeit in der Motologie, Motorik 10 (1987), 53—56

SCHOLZ, Hans-Joachim: Zur Frage der Bildung und sprachheilpädagogischen Förderung sprachentwicklungsverzögerter Kinder, in: HINTEREGGER, F./MEIXNER, F.: Sprachheilpädagogik in Vorschule und Grundschule, Wien 1984

SCHÖNBEIN, D.: Sprach- und Bewegungserziehung im Kindergarten — eine empirische Untersuchung, Diplomarbeit am Institut für Leibeserziehung und Sport der Universität Bern, Bern 1986

SCHULKE-VANDRE, Jutta: Grundlagen der Psychomotorischen Erziehung, Köln 1982

SCHWAB, R.: Die Rolle des Therapeuten und die therapeutische Beziehung in der Gesprächspsychotherapie, in: PETZOLD, H. (Hrsg.): Die Rolle des Therapeuten und die therapeutische Beziehung, Paderborn 1980

SEEMANN, M.: Sprachstörungen bei Kindern, Berlin 1974

SIBLER, Hans Peter: Spiele ohne Sieger, Ravensburg 1976

SIGNER, Myrtha: Hörtraining bei auditiv differenzierungsschwachen Kindern, Bern, Stuttgart 1979

SPOLIN, Viola: Improvisationstechnik für Pädagogik, Therapie und Theater, Paderborn 1983

STEHN, M./EGGERT, D.: Ganzheitlichkeit zur Verwendung gestalt- und ganzheitspsychologischer Konzepte in der Psychomotorik, Motorik 10 (1987), 4—18

STEVENS, John O.: Die Kunst der Wahrnehmung Übungen der Gestalttherapie, München 1984

STOLZE, H.: Bewegungserlebnis als Selbst-Erfahrung, in: HAHN, E., PREISING, W.: Die menschliche Bewegung, Schorndorf 1978, 105—113

STORMS, Ger: Spiele mit Musik, Frankfurt, Berlin, München, Aarau 1984

SZAGUN, Gisela: Sprachentwicklung beim Kind, München, Wien, Baltimore 1980

TAUSCH, R.: Gesprächstherapie, Göttingen 1974

TAUSCH, R./TAUSCH, A.: Erziehungspsychologie, Göttingen 1977

TEUMER, J./WALTHER, T.: Strukturierte Materialien-Sammlung, Hamburg o.J.

TILK, Elke: Interaktionen zwischen sprachbehinderten Kindern und ihren Müttern in der therapeutischen Situation unter kommunikationstherapeutischen und soziopsychischen Gesichtspunkten, unveröffentlichte Staatsarbeit, Universität Köln 1985

TYMISTER, Hans Josef: Sprechen, Handeln, Lernen, München, Wien, Baltimore 1978

UNGERER, Dieter: Zur Theorie des sensorischen Lernens, Schorndorf 1977

VERNON, M. D.: Wahrnehmung und Erfahrung, München 1977

VOGT, Ursula: Die Motorik 3- bis 6jähriger Kinder, Schorndorf 1978

WAGNER, Angelika: Schülerzentrierter Unterricht, München, Wien, Baltimore 1982

WAGNER, I.: Aufmerksamkeitstraining mit impulsiven Kindern, Stuttgart 1976

WALLBRIDGE, David: Eine Einführung in das Werk von D. W. WINNICOTT, Stuttgart 1983

WATZLAWICK, Paul: Wie wirklich ist die Wirklichkeit?, München 1976

WATZLAWICK, Paul: Die erfundene Wirklichkeit, München 1981

WATZLAWICK, P./BEAVIN, J./JACKSON, D.: Menschliche Kommunikation. Formen, Störungen, Paradoxien, Bern, Stuttgart, Wien 1980

WEIZSÄCKER, F. v.: Der Gestaltkreis, Stuttgart 1939

WESTPHAL, Erich: Erfahrungen mit lebensproblemzentriertem Unterricht, Oldenburg 1979

WILLIMCZIK, K./GROSSER, M.: Die motorische Entwicklung im Kindes- und Jugendalter, Schorndorf 1979

WINKEL, Rainer: Angst in der Schule, Essen 1979

WINNICOTT, Donald W.: Vom Spiel zur Kreativität, Stuttgart 1985

WOHL, Andrzej: Bewegung und Sprache, Schorndorf 1977

WYGOTSKI, L. S.: Denken und Sprechen, Berlin 1974

ZIMMER, R./CICURS, H.: Psychomotorik. Neue Ansätze im Sportförderunterricht und Sonderturnen, Schorndorf 1987

ZIMMER, R./VOLKAMER, M.: MOT 4—6 Motoriktest für 4- bis 6jährige Kinder, Manual, Weinheim 1987

ZITZELBERGER, Helga: Musik in Linien und Farben, Weinheim und Basel 1976

# 9. Danksagung

*Mit diesem Buch möchte ich vielen mir nahestehenden Menschen danken:*

— Günter, Ingo, Britta und meiner Mutter dafür, daß sie mich im Alltag annehmen, wie ich bin;

— Eberhard für die vielen wachstumsfördernden Gespräche, in denen ich meine Kräfte wieder entwickeln konnte;

— jedem einzelnen Mitglied meiner Ausbildungsgruppe am FPI und meinen Lehrtherapeuten, die entschieden zur Klärung meiner Einstellungen beigetragen haben;

— vor allem aber meinen Kollegen Hans, Herbert, Manfred, Max, Rainer, Reinhold und Walter für ein Jahr guter Zusammenarbeit, mit dem sie ermöglichten, daß wichtige Teile dieses Buches endlich abgeschlossen werden konnten;

— Dr. E. J. Kiphard für den Anstoß zu dieser Arbeit und diesem Buch.

Bei Beate und Britta bedanke ich mich für das Schreiben des Manuskripts und bei Britta und Ingo für die Durchsicht und die notwendigen Korrekturen.

*Schmallenberg, im Februar 1989*

# 10. Materialübersicht

## 10.1. Auditives Fördermaterial:

*Schallplatten*

| | |
|---|---|
| Das große Geräusche-Archiv | Ariola |
| Musik für die Füße und Ohren | Deutsche Grammophon Junior |
| Für Ohren, die auch sehen | Deutsche Grammophon Junior |
| Paysages Sonores | disque Nathan |

*Spiele:*

| | |
|---|---|
| Puste mal | Finken |
| hör was ist das | Ravensburger |
| Spiele mit Geräuschen | Klett |
| Sprechlernspiele | Ravensburger |
| Lerne hören lerne sprechen | pro-Spiel |
| Loto sonore | Schubiger |
| Hören — Auditive Wahrnehmungsförderung | Crüwell |
| Wörter sprechen — Laute hören | O. Maier |
| Sprich genau — hör genau | O. Maier |
| Lauter Laute | Finken |
| Achtung aufgepaßt | Hueber und Holzmann |
| Blinde Kuh | O. Maier |

## 10.2. Psychomotorisches Fördermaterial

- Rollbretter
- Doppelpedalos
- Therapieschaukel
- Schaumstoffkissen
- eine Kiste mit Bierdeckeln
- eine Kiste mit Wäscheklammern
- Körperschemamännchen
- Plastik-Großbausteine
- kleine Bausteine
- viele Schaumstoffpolster in unterschiedlichen Größen
- Holzklötze
- Tierkapuzen
- ein körperhoher Spiegel
- Rollwagen mit Verkehrserziehungsmaterial
- Orff-Instrumentarium
- Bällchen-Bad
- Airtramp (kleinste sichere Größe 7x7 qm)
- Trampolin
- Großgeräte wie Bänke, Kästen, Ringe etc.
- Pappröhren
- Fallschirm zweifarbig
- Fallschirm einfarbig
- Riesenschwungtuch
- Riesenluftballons
- kleine Luftballons

## 10.3. Kreatives und Alltags-Material

Papierbögen in unterschiedlichen Größen
Papier auf Rollen
Fingerfarben
Wachsmaler in unterschiedlichen Stärken
Wasserfarben
Pinsel in verschiedenen Stärken
Ton, Knetgummi
Handwerkszeug
Spielsachen
Verkleidungskiste
Bilder aus Zeitschriften und Kalendern
Bilderbücher

Materialhinweise siehe im Literaturverzeichnis (SCHÄFER o.J.; TEUMER/WALTHER o.J.)

# 11. Verzeichnis der Fotos

| | |
|---|---|
| Dr. R. Eckert | 1 |
| L. Klever | 2, 20, 34, 35, 36, 74, 75, 77 |
| I. Olbrich | 3—6, 9—19, 24—33, 37—72, 74—76, 79, 80 |
| Fotostudio Schöllmann | 73, 78 |

# 12. Fortbildungsmöglichkeiten

Aktionskreis Psychomotorik e.V., Geschäftsstelle, Kleiner Schratweg 32, 4920 Lemgo 1

Fritz Perls Institut für Integrative Therapie, Gestalttherapie und Kreativitätsförderung, Wefelsen 5, 5609 Hückeswagen

Internationale Gesellschaft für musikpädagogische Fortbildung e.V., Postfach 1443, 5920 Bad Berleburg